Knaur

Von Kuki Gallmann sind außerdem erschienen:

Ich träumte von Afrika
Die Nacht der Löwen

Über die Autorin:

Kuki Gallmann, in der Nähe von Venedig geboren und aufgewachsen, hat in Padua politische Wissenschaften studiert. 1970 sah sie Kenia zum ersten Mal, 1972 machte sie es zu ihrer neuen Heimat. Nach dem tragischen Tod ihres Mannes und ihres Sohnes wandelte Kuki Gallmann die Familienfarm in die *Gallmann Memorial Foundation* um, die sich aktiv für ein harmonisches Miteinander von Mensch und Umwelt und für die Förderung der Einheimischen einsetzt (The Gallmann Memorial Foundation, PO Box 45593, Nairobi, Kenia, Afrika). Kuki Gallmann lebt mit ihrer Tochter in Laikipia, Kenia. Ihre Autobiographie *Ich träumte von Afrika* wurde ein internationaler Bestseller.

KUKI GALLMANN

Afrikanische Nächte

Aus dem Amerikanischen von
Ulrike Wasel
und Klaus Timmermann

Knaur

Die amerikanische Originalausgabe erschien unter dem
Titel *African Nights* bei Viking, London

Besuchen Sie uns im Internet:
www.droemer-knaur.de

Vollständige Taschenbuchausgabe September 1999
Droemersche Verlagsanstalt Th. Knaur Nachf., München
Dieser Titel erschien bereits unter der Bandnummer 77235.
Copyright © 1994 by Kuki Gallmann
Copyright © 1994 der deutschsprachigen Ausgabe bei
Droemersche Verlagsanstalt Th. Knaur Nachf., München
Alle Rechte vorbehalten. Das Werk darf – auch teilweise –
nur mit Genehmigung des Verlages wiedergegeben werden.
Umschlaggestaltung: Agentur Zero, München
Druck und Bindung: Clausen & Bosse, Leck
Printed in Germany
ISBN 3-426-61433-2

4 5 3

Für Sveva, in Liebe

*Hört aufmerksam zu, und vor allem denkt daran,
daß wahre Geschichten dazu da sind,
erzählt zu werden;
sie für sich behalten heißt sie verraten.*

BAAL SCHEM (ISRAEL BEN ELIESER)

Inhalt

Danksagung	11
Karten	12/13
Einleitung	15
1 Die Vollmond-Insel	19
2 Emanueles Chamäleons	27
3 Der Gepard des Brigadegenerals	35
4 Die Massai-Frau	41
5 Mwtua	49
6 Der Hai von Vuma	59
7 Langat	69
8 Die Geschichte von Nungu Nungu	79
9 Buschbabys	85
10 Das Pendel	95
11 Ein Bett wie ein Schiff	103
12 Das Nashorn, das schnell genug lief	111
13 Fifty Guineas' Pike	117
14 Die Kobra, die aus dem Dunkel kam	133
15 Elefantenballade	141
16 Aidans Rückkehr	153
17 Auf den Fittichen des Windes	159
18 Der Ring und der See	167
19 Der Regenstab	177
20 Geburtstag in Turkana	187
21 Die Zauberbucht	195
Glossar	205

Danksagung

Als ich an diesem Buch arbeitete, haben mich viele Freunde ermutigt und mit ihrem Rat unterstützt. Besonderen Dank schulde ich: Gilfrid Powys für sein uneingeschränktes Vertrauen zu mir; Chris Thoules für seine geistreiche Kritik und seinen intelligenten Humor; Adrian House, weil er mich für eine gute Erzählerin hält; Toby Eady für seine professionelle und freundschaftliche Unterstützung; John und Buffy Sacher für die Großzügigkeit, mit der sie mich immer wieder bei sich in London aufgenommen haben; meinen kenianischen Freunden; den zahllosen Menschen, die mir geschrieben haben, nur um mir zu sagen, daß mein erstes Buch für sie eine Art Lebenshilfe gewesen sei, und die mich baten weiterzuschreiben.

Und wie stets bin ich Paolo und Emanuele verpflichtet, deren Andenken mein Leben mit Licht und Sinn erfüllt. Und meiner Tochter Sveva, weil sie da ist.

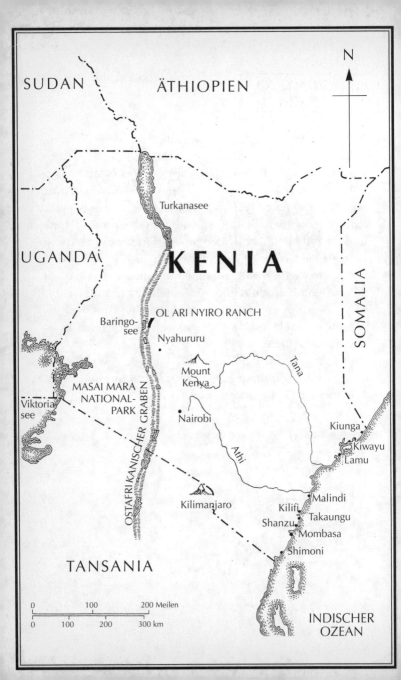

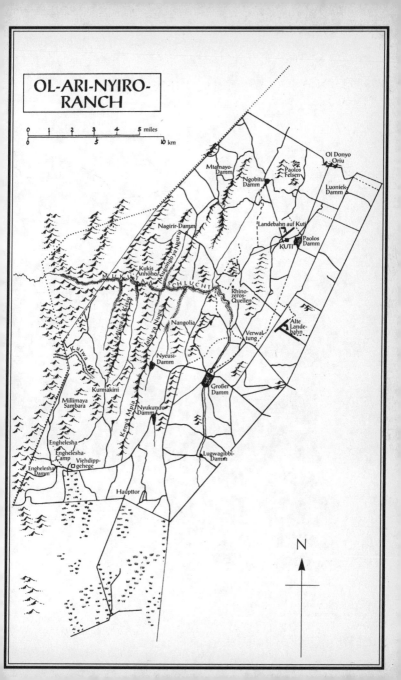

Einleitung

Wenn ich mit meiner Tochter Sveva an einem Lagerfeuer sitze oder am Kamin in Kuti, wenn die eigentümliche Stille der afrikanischen Nacht erfüllt ist vom Zirpen Abertausender von Zikaden, wenn zwischendurch in weiter Ferne eine Hyäne bellt, ein Löwe brüllt oder unsere Hunde plötzlich anschlagen, weil sie die Schatten von Elefanten sehen, dann denke ich an vergangene Abenteuer, an die Menschen, die ich kannte, an die Männer, die wir verloren haben, und ich erzähle Sveva von ihnen.
Ich bin in Italien geboren, und schon als Kind träumte ich von Afrika.
Nachdem ich von den Folgen eines tragischen Verkehrsunfalls, durch den ich eine Zeitlang nicht mehr laufen konnte, genesen war, siedelte ich mit meinem zweiten Mann, Paolo, seinen beiden Töchtern und Emanuele, meinem damals sechsjährigen Sohn aus erster Ehe, nach Kenia über.
Wir kauften ein Haus in Nairobi, und zwar in der Gegend, die Gigiri heißt. Nach vielen Abenteuern erwarben wir Ol Ari Nyiro, eine große Ranch auf dem Laikipia-Plateau mit Blick in den Ostafrikanischen Graben, das sogenannte Great Rift Valley. Das wurde unser Zuhause.
Die Ranch war ein Paradies mit ihrem reichen Bestand an wilden Tieren und Pflanzen. Es gelang uns, hier Landwirtschaft zu betreiben, ohne das ökologische Gleichgewicht zu zerstören. Es waren glückliche, unvergeßliche Zeiten. Wir lernten Afrika kennen, seine Menschen lieben und die Tier- und Pflanzenwelt schützen.

Im Jahre 1980 kam Paolo durch einen Autounfall ums Leben, wenige Wochen vor der Geburt unserer Tochter. Er wollte mit dem Wagen ihr Kinderbett abholen, das von Fischern an der Küste aus einem Baumstamm geschnitzt worden war und die Form eines Bootes hatte. Sveva war ein wunderschönes Baby und ihrem Vater wie aus dem Gesicht geschnitten. Ich beschloß, in Laikipia zu bleiben. Hier entwickelte der inzwischen vierzehn Jahre alte Emanuele, der von frühester Kindheit an eine außergewöhnliche Intelligenz und eine für sein Alter unübliche Reife gezeigt hatte, eine große Leidenschaft für Schlangen.

Mit siebzehn Jahren wurde Emanuele von einer seiner Puffottern getötet, als er ihr Gift abnahm, das zur Herstellung von Schlangenserum verwendet werden sollte. Er starb binnen weniger Minuten in meinen Armen. Ich beerdigte ihn neben Paolo, im hinteren Teil meines Gartens in Kuti, und pflanzte einen Dornenbaum auf jedes Grab. Als Mutter hatte ich das Gefühl, daß meine Wunden niemals heilen würden; doch Emanueles Tod, so tief er mich auch erschütterte, änderte nichts an der Liebe zu dem Land, für das ich mich entschieden hatte. Im Gegenteil, sein Tod bestärkte mich in dem Entschluß, mich aktiv für den Schutz Kenias einzusetzen. Im Gedenken an Paolo und Emanuele gründete ich die »Gallmann Memorial Foundation«, die das Ziel hat, in Ol Ari Nyiro ein Beispiel für die harmonische Koexistenz von Mensch und Natur zu schaffen. Grundlage ist die Erforschung neuer Methoden, mit denen die Natur geschützt und gleichzeitig für den Menschen nutzbar gemacht werden kann. Die Stiftung unterhält eine Antiwilderer-Truppe zum Schutz der wilden Tiere. Sie hat mittlerweile viele Projekte ins Leben gerufen und arbeitet ständig an der Entwicklung weiterer Vorhaben, wobei der Schwerpunkt stets auf dem Ausbildungs- und Erziehungssektor liegt. Es gibt ein Nashorn- und ein Elefantenprojekt, ein ornithologisches, botanisches und ethnobotanisches Projekt, Agrarwirtschaft und die Herstellung von organischen Brennstoffen wie Holzgas und Holzkohle unter dem ökologischen Gesichtspunkt der Wiederaufforstung. Die Stiftung bewahrt das afrikanische Erbe durch die Förderung von Kunsthandwerk und Stammestänzen. Sie unterstützt die Weiterbildung begabter Kenianer und hat die »Laikipia Wilderness School« aufgebaut. Diese nimmt Studenten und Studentinnen aus aller Welt auf, ungeachtet ihrer Nationalität und sozialen Herkunft. Gemeinsam mit talentierten afrikanischen Studierenden können sie hier aus erster Hand, aus dem offenen Buch der Natur, die afrikanische Ökologie kennenlernen, für deren Schutz sie einmal verantwortlich sein werden.

Das Symbol der Stiftung sind die beiden Fieberakazien, die auf den Gräbern wachsen.

Da ich seit meiner Kindheit Bücher liebe und von der Musik der Sprache fasziniert bin, schrieb ich schließlich die Geschichte meines Lebens und nannte sie *Ich träumte von Afrika*.

Das Leben ist so vielfältig, daß man unmöglich alles in einem einzigen Buch erzählen kann.

Für eine Fortsetzung meiner Autobiographie ist es noch zu früh, denn die Bedeutung mancher Ereignisse erschließt sich einem erst durch eine bestimmte zeitliche Perspektive der Erinnerungen. Das vorliegende Buch ist eine Sammlung wahrer Begebenheiten, die ich zum größten Teil in der Zeit aufgeschrieben habe, in der ich meine Autobiographie verfaßte. Ihr innerer Zusammenhang liegt in meiner Liebe zu Afrika und seinen geheimnisvollen Geschöpfen, in meinem Staunen über seine Schönheit und seinen nie endenden Zauber und in meiner Sehnsucht nach der Vergangenheit.

Kuki Gallmann,
Laikipia, März 1994

Die Vollmond-Insel 1

> Wär dies die letzte Nacht der Welt,
> was dann?
> JOHN DONNE

Wir waren nach Afrika übergesiedelt und verbrachten unseren ersten Weihnachtsurlaub an der Küste. Die herrlichen Strände und unberührten Korallenriffe hatten zwar schon das Interesse des internationalen Tourismus geweckt, doch befand sich dieser hier noch in seinen ersten Anfängen, und die Küste Kenias war noch überwiegend das Reich der Seemöwen und Schildkröten, der aus hohlen Baumstämmen gebauten *dahos* und der Giriama- und Swahili-Fischer, die im Einklang mit den Gezeiten ihr Lied sangen von den Meereswogen und der Hoffnung auf einen reichen Fang. Und es gab kleine Siedlungen in der Nähe der Küstendörfer, in denen Europäer mittleren Alters ein beschauliches Leben führten. Die bevorzugten Orte waren Malindi, Kilifi, Vipingo, Shanzu und Shimoni.

Sie bildeten eine ungewöhnliche Gemeinde von Ruheständlern, hauptsächlich ehemaligen Farmern, die ihre Ländereien am Fuße des Mount Kenya, auf dem windgepeitschten, trockenen Hochland oder in den fruchtbaren Tee- und Kaffeeanbaugebieten von Kericho und Thiko verkauft hatten und nun ihren Lebensabend verbrachten, ohne gestört zu werden und ohne zu stören. Sie trösteten sich mit einer Schar Hunde und ausgiebigen Drinks, die sie abends im luftigen Schatten der großen Veranden ihrer neuen Domizile tranken. Die Häuser waren hauptsächlich aus weißgetünchten Korallenblöcken gebaut; die hohen, mit Palmwedeln gedeckten Dächer versanken in verwunschenen Gärten aus Bougainvilleen und Mangobäumen, und die ständige Aussicht auf das schimmernde Riff verlieh allem eine besondere Schönheit.

Die Ruheständler besaßen die unterschiedlichsten Boote. Einige hatten imposante Jachten, andere bescheidene selbstgebaute Katamarane, die sie sorgfältig pflegten, denn sie alle waren leidenschaftliche Hochseefischer oder Segler oder beides. Das Meer hatte auf Paolo immer eine besondere Anziehungskraft ausgeübt, und es gab für ihn kaum etwas Schöneres, als seine Geheimnisse zu erkunden. So verbrachten wir viel Zeit am Meer, bevor wir schließlich unser eigenes gelobtes Land entdeckten. Obwohl die Gesellschaft an der kenianischen Küste zurückgezogen in der Stille ihrer Erinnerungen lebte und es daher verständlich gewesen wäre, wenn sie Fremden mit Zurückhaltung begegnet wäre, war sie umgänglich und hieß uns vom ersten Augenblick an willkommen.

Vielleicht erweckten wir auch ihre Neugier und eine unausgesprochene Sehnsucht nach vergangenen Tagen, weil wir jung waren, uns genau wie sie für den Ozean begeisterten, bezaubernde, fröhliche Kinder hatten, exotisch wirkten und über unendlich viel Zeit verfügten. Gastfreundlich und äußerst großzügig empfingen sie uns in ihren Häusern, stellten uns ihre Boote und Bars zur Verfügung und ließen uns mit ihren geliebten Haustieren Freundschaft schließen.

Hin und wieder dachten sie sich mit erstaunlicher Phantasie Unternehmungen aus, um die Monotonie ihrer ungestörten Tage zu durchbrechen.

Eines Abends in Shimoni, kurz vor Neujahr, luden sie uns

und meine Mutter, die uns zum erstenmal in Afrika besuchte, zu einem Vollmond-Picknick ein. Es sollte weit draußen im Meer stattfinden, auf einer Insel, die nur bei Ebbe auftauchte.

»Machen wir mit?« fragte Paolo, mit einem blauen Funkeln in seinen Augen. »Es wird eine klare Nacht werden, das Licht ist bestimmt phantastisch.«

In neckendem Ton fügte er hinzu: »Aber es ist ziemlich weit. Es könnte naß werden… wird vielleicht zu spät für die Kinder und deine Mutter. Den Weg finden wir nur mit einem Kompaß. Es ist eine verrückte Idee.«

Das war es. Und eine unwiderstehliche.

»Andiamo«, sagte ich, denn ich sprach damals nur Italienisch.

Bei Einbruch der Dunkelheit versammelten wir uns alle in einem der Häuser. Am Ufer standen zahllose Kühltaschen und Körbe, deren Inhalt die Herkunft ihrer Besitzer verriet: eingelegte Heringe in Dill und hochprozentiger Schnaps von den Skandinaviern, Sandwiches mit geräuchertem Lachs, hartgekochte Eier mit Fleischfüllung, Blauschimmelkäse und Bier von den Engländern, Weißkäse und Oliven und köstlicher Ouzo von den wenigen Griechen und von uns natürlich Pizza, Salami, Provolone, Korbflaschen mit rotem Chianti und gekühltem weißen Fol, sowie der klassische große Panettone, der in Italien zu jedem Weihnachtsfest gehört und den meine Mutter, die jetzt durch das bevorstehende Abenteuer ein wenig aufgeregt war, tapfer den weiten Weg von Venedig bis hierher geschleppt hatte.

Nur in Gruppen, die überwiegend aus Briten bestehen, kann eine Stimmung von »ausgelassener Erregung« herrschen. Tatkräftig, zügig, zielgerichtet. In dieser Atmosphäre wurden die Boote beladen, die Dunkelheit brach herein, und es ging los.

Eine feuchtwarme, salzige Brise trieb uns Tropfen ins Gesicht, und die schwarze glatte Fläche des Ozeans öffnete sich geschmeidig in einem Strudel schimmernder Gischt vor den Kielen. Das Plankton leuchtete phosphoreszierend wie versunkene Galaxien und zeichnete wundersame Muster auf die unruhige Wasseroberfläche. Die Motoren brummten vor sich hin. Emanuele, ein kleiner Junge von sechs Jahren, setzte sich ganz dicht neben mich, und in seinen großen Augen, die alles in sich aufnahmen, spiegelte sich die Nacht.
Jemand sang ein getragenes Lied, das mit dem Stimmengemurmel und dem Motorengeräusch und dem Duft des Seetangs verschmolz. Stundenlang fuhren wir in die Dunkelheit hinein.
An einer Stelle im Ozean, die aussah wie jede andere, hielt das vorausfahrende Boot plötzlich an, den Motor zu einem leisen Summen gedrosselt. Wir verstummten und sahen mit gespannter Erwartung zu, wie sich der Horizont aufhellte und die tiefschwarze Nacht zu einem blauen Samtvorhang wurde, an dem nach und nach Sterne wie erlöschende Kerzen verblaßten. Die Brise schien stärker zu werden, schlug in einen seltsamen Wind um, die Wellen, die die Flanken des Bootes umspülten, schienen immer schneller fortgezogen zu werden, während allmählich ein unglaublich großer weißer Mond aufging und über den Himmel glitt.
Ganz langsam und lautlos tauchte vor unseren Augen die wuchtige Gestalt der mysteriösen Insel auf. Zuerst erhoben sich die Korallenfelsen wie der gezackte Rücken eines schlafenden Seeungeheuers. Dann kam ein verblüffend weißer, glatter, wie Opal schimmernder Strand in Sicht, passend zu dem kühlen Mond.
Von allen Booten wurden Dingis herabgelassen und mit den

Proviantkörben, den Grillgeräten und Kästen voller Flaschen beladen.
Die ersten ruderten eifrig ans Ufer.
Ich bekam ein winziges gelbes Schlauchboot zugeteilt, naß und glitschig. Ich lud Emanuele, einen Kasten Bier und eine Kiste Bananen ein und setzte mich an die Ruder.
Ich begann zu rudern, doch ich hatte nicht damit gerechnet, daß die Strömung so stark war. Der Wind blies kräftiger. Nach zwanzig Minuten kam es mir so vor, als hätte ich mich kaum von der Stelle bewegt. Ich war bis auf die Haut durchnäßt und fror, die Freunde schienen in weiter Ferne, das Ufer unerreichbar, und der Wind verschlang meine Stimme.
Schließlich entdeckte Paolo mich und kam mir lachend in einem anderen Boot zu Hilfe. Im Nu war ich am Ufer auf dem festen, kühlen Sand; sicher in Paolos Armen, trank ich ein Glas Wein.
Die Leute zerstreuten sich in kleinen Grüppchen, je nach Alter, Geschmack, Laune, Hunger oder Durst. Nach einigen Versuchen gelang es, die Holzkohle mit Paraffin zu entzünden, dessen blaue Flamme der Wind bald in eine orangefarbene Glut verwandelte, die die schmiedeeisernen Grillstäbe erhitzte. Der angenehme Duft von gegrillten marinierten Hähnchen, brutzelnden Würstchen und Knoblauchbrot verbreitete sich mit den Rauchwölkchen im Wind. Der weiche, gekühlte Schnaps, den man genießerisch aus kleinen Gläsern trank, hob im Nu die Stimmung, vertrieb das Frösteln, und das fröhliche Geräusch knallender Korken erfüllte die Nacht.
Eine Gruppe von Kindern sang zur Gitarre. Andere jagten Krabben am Strand, und Emanuele machte sich allein mit seiner Taschenlampe auf die Suche nach unvorsichtigen Kaurischnecken, die die zurückweichende Flut am Ufer

zurückgelassen hatte. Sogar meine Mutter hatte offenbar einen Gesprächspartner gefunden.

Leicht beschwipst und zufrieden breitete ich eine Strohmatte aus, setzte mich darauf und hing, in einen *kanga* gewickelt, meinen Gedanken nach, während ich Paolo zusah, der sich mit hungriger Flinkheit um das Grillfleisch kümmerte, Flaschen öffnete, englisch plauderte und ganz in seinem Element war.

Die Stunden verstrichen, und allmählich wurden wir immer stiller. Ein unmerkliches Verstummen aller Geräusche, ein Schauder im Wind. Die Flut kehrte zurück. Langsam zunächst, dann immer schneller eroberten die Wellen den Sand zurück, Zentimeter um Zentimeter.

Und mit dem ansteigenden Wasser änderte sich die Stimmung. Hier draußen auf der unsichtbaren Vollmond-Insel mitten im Indischen Ozean schien alles möglich.

Gab es die übrige Welt noch?

Italien, das ich gerade erst verlassen hatte, erschien mir nun unendlich weit entfernt.

Verrückte Gedanken kamen mir: daß wir bei unserer Rückkehr Shimoni nicht wiederfinden würden, daß es kein Ufer mehr gäbe, wo wir anlegen könnten, nur einen unendlichen Ozean, in dem nur für ein paar Stunden bei Vollmond Landzungen wie diese hier auftauchten.

Bis in alle Ewigkeit Vagabunden auf den stürmischen Meeren wie der Fliegende Holländer.

Passa la nave mia con vele nere.

Zeit zum Aufbruch.

Eine plötzliche Vorwarnung, eine Leere, Angst.

Ich hielt nach Emanuele Ausschau. Er lief mit dem Wind am Strand seinen Träumen nach, klein und unerreichbar wie ein Elf im Märchen, und sein Haar hatte die Farbe des abnehmenden Mondes.

Mit einem Druck in der Brust rief ich ihn, und meine Stimme kehrte zu mir zurück in der Nacht wie der Schrei einer verirrten Möwe.
Dann war Paolo bei ihm. Sie liefen zusammen, und sie hielten sich an der Hand.

Emanueles Chamäleons 2

> Oft braucht man jemanden,
> der kleiner ist als man selbst.
>
> LA FONTAINE

»Ich kann mich noch gut an ihn erinnern«, sagte die hübsche junge Frau, die ich gerade kennengelernt hatte, und sah mich mit einem schüchternen Lächeln an. »Wir waren in der Schule zusammen in einer Klasse. Er war freundlich, still und anders als wir. Ich war traurig, als er starb.« In der Dunkelheit schienen ihre Augen wie verschleiert – oder lag das am trügerischen Kerzenlicht? »Er hatte immer Chamäleons unter seiner Bank versteckt.«

»Pep, sieh mal, was ich gefunden habe!«
In seinem glatten blonden Haar hatte sich ein gräulicher Miniaturdrache festgekrallt. Ich schnappte nach Luft. Es war ein häßliches Vieh, die rauhe Haut mit trockenen runden Blasen bedeckt, drei hornartige Vorsprünge auf der Schnauze, seltsam wie bei einem Nashorn, und ein großes zahnloses Maul, froschähnlich und ziemlich abstoßend. Sanft löste Emanuele das Wesen aus seinen Haaren und hielt es mir hin, damit ich es mir ansehen konnte.
Es war an einem Märznachmittag in Nairobi, nach einem der ersten plötzlichen Schauer der Regenzeit, die einen intensiven Geruch nach feuchter Erde und frischem Heu hinterlassen. Unmittelbar darauf brennt die Sonne so heiß, daß die an den Grashalmen hängenden Tropfen sofort verdunsten.

Er sah mich mit seinen dunklen samtbraunen Augen an, in denen eine für sein Alter ungewöhnliche Schwermut lag.
»Es ist ein Dreihornchamäleon, Pep«, sagte er stolz. »Ich hab' es in dem Bambusgebüsch gefunden.« Er betrachtete es voller Bewunderung.
»Findest du nicht, daß es aussieht wie ein Triceratops? Bitte, darf ich es behalten? Es heißt King Alfred.«
King Alfred war der britische König, der gegen die Dänen gekämpft hatte, und in Emanueles Geschichtsbuch trug er den gehörnten Helm der legendären Wikinger. Ich nehme an, daß der königliche Name des Tieres auf diese Ähnlichkeit zurückging. Ich nickte schwach. Einen Moment lang leuchteten seine Augen triumphierend auf.
Das war der Anfang seiner Liebe zu den Reptilien, so entwickelte sich seine Leidenschaft für Chamäleons und seine außergewöhnliche Fähigkeit, sie überall aufzuspüren, ganz gleich, wo er sich befand.
Emanuele war der geborene Sammler. Als kleines Kind hatte er Steine, Muscheln und Miniaturmodelle von Tieren gesammelt. Später entdeckte er seine Leidenschaft für Schlangen. Chamäleons waren die ersten Reptilien, die er richtig besaß. Ich wußte nicht, daß wir in eine neue Phase eingetreten waren und daß es kein Zurück mehr gab.
Wenige Jahre später sollten es echte Schlangen sein, bis sich sein Schicksal erfüllte.
Er war sechs.
Bald hatten wir King Alfred alle ins Herz geschlossen. Ich schlug in einem von Emanueles Büchern nach und stellte fest, daß er tatsächlich wie ein gigantischer pflanzenfressender Dinosaurier aus der Kreidezeit aussah.
Dinosaurier hatten Jahre zuvor durch Zufall ihren Einzug in unsere Familie gehalten, als mein Vater auf einer seiner ausgedehnten Reisen eine sensationelle Ablagerung von

Dinosaurierknochen in einem fossilen Flußbett in der Ténéré-Wüste entdeckt hatte. In dem Buch, das mein Vater über diesen abenteuerlichen Fund schrieb, hatte er, um dem Leser den eindrucksvollen Größenunterschied zu demonstrieren, eine Schwarzweißfotografie abgebildet, auf der der damals vierjährige Emanuele sich zu dem riesigen Skelett eines monströsen Diplodocus aufreckt.
Im Gegensatz zu mir wußte Emanuele alles über Dinosaurier. Er kannte ihr Aussehen, ihre Namen und Lebensgewohnheiten, und zweifellos bestand eine starke Ähnlichkeit zwischen dem urzeitlichen Triceratops und seinem rätselhaften Nachfahren, der nun bei uns lebte. Chamäleons sind Geschöpfe mit einer ausgeprägten Individualität, und ich konnte gut verstehen, daß diese präzise und methodisch arbeitenden kleinen Monster einen neugierigen, intelligenten Jungen, der in Tiere vernarrt war, faszinierten.
Tagsüber lebte King Alfred in einer Schachtel voller Blätter und kleiner Zweige. Er wurde mit Insekten gefüttert, die Emanuele in der Schule fing, sobald er einen Augenblick frei hatte, und die er in einem alten Marmeladenglas aufbewahrte. Aber es kam auch häufig vor, daß er King Alfred in einer kleinen, mit Löchern versehenen Pappschachtel in die Schule schmuggelte, um ihn während der Pausen auf die niedrigen Büsche im Schulhof klettern zu lassen. Dann beobachtete er hingerissen die seltsamen Gepflogenheiten eines Chamäleons auf Beutejagd.
King Alfred war einige Zentimeter lang. Unten an den Beinen hatte er zangenförmige Greifer. Die fünf starken Finger waren in verschiedene Richtungen gespreizt, so daß er selbst an den zartesten Stengeln und Trieben noch festen Halt fand, während der einrollbare Greifschwanz sich blitzschnell um winzige Unebenheiten an Blättern und Ästchen

schlingen konnte. Er besaß den gleichen sensiblen Gleichgewichtssinn wie Affen, die in den höchsten Bäumen im Wald umhertollen.

Das verblüffendste Merkmal waren jedoch seine Augen, stereoskopische Instrumente, die unabhängig voneinander kreisten, um durch das Loch in der Iris ein enges Gesichtsfeld so scharf einzustellen, daß die tückisch hervorschnellende Zunge unfehlbar ihr Ziel traf.

Das arglose Insekt schaukelte auf einem Grashalm; die hervorschießende Zunge war schneller als unser unwillkürlicher Abscheu, der noch anhielt, nachdem die Heuschrecke längst in dem höhlenartigen Maul verschwunden war.

Uns stockte der Atem vor Entsetzen.

Mit der Zeit jedoch gewöhnte ich mich an dieses widerwärtige Schauspiel und fand es sogar in gewisser Weise faszinierend, dabei zuzusehen, mit welcher Präzision er sein Ziel fand. Ich mußte dabei an das Lasso eines Cowboys denken, das entfernte Objekte einfängt, oder an die grausame, gedankenlose Schleuder, die den freien Flug des Vogels unterbricht.

Aber das Merkwürdigste, was wir an King Alfred beobachten konnten, war der Farbwechsel seiner Haut. In der Sonne war sie braun, und im Schatten wurde sie dunkel und wies erstaunliche Smaragdgrüntöne auf. Einmal nahm sie auf meiner gelben Bettdecke binnen einer Minute ein leuchtendes Zitronengelb an, als ob sie vor unseren Augen von unsichtbaren Pinselstrichen behutsam eingefärbt worden wäre. King Alfreds Anwesenheit brachte unseren Haushalt ein wenig durcheinander, denn die Diener weigerten sich, das Zimmer zu betreten, in dem sie ihn vermuteten. Unser Koch Gathimu und der Hausdiener Bitu mieden grundsätzlich das Arbeitszimmer, in dem Emanueles neuer Freund frei herumspazierte, sich auf einem Stapel Bücher niederließ und ihm bei den Hausaufgaben zusah, die Decke nach Fliegen und Moskitos absuchte und in stiller Freude den faulen, trägen Hausinsekten nachstellte.

In Afrika ranken sich viele Legenden um das Chamäleon, was möglicherweise mit seiner eigentümlichen Wandlungsfähigkeit zusammenhängt. Normalerweise hegen Afrikaner eine Abneigung gegen das Tier, und sie halten sich von ihm möglichst fern. In den Legenden der Eingeborenen spielt das Chamäleon die Rolle, die im Christentum der Schlange zugeschrieben wird, die Eva im Garten Eden in Versuchung führte: eine Art heimtückische Verschwörung mit der Frau, sei es doch wie diese wandelbar, flüchtig und unbeständig wie das Farbenspiel des Regenbogens.

Chamäleons umgibt die merkwürdige Aura des »Unberührbaren«. Das gibt ihnen Schutz und die Freiheit, ihren wehrlosen prähistorischen Körper ungestraft und sicher umherzubewegen, einen Körper, dessen einzige natürliche Feinde die Raubvögel sind, die keine Bücher lesen und die sich keine Geschichten erzählen lassen.

King Alfred war das erste von vielen.

Es folgten verschiedene Marshalls Zwergchamäleons: klein und dunkel. Zwei waren ziemlich dick, sie wurden dann auch Fatty I und Fatty II genannt. Sie hatten keine Auswüchse auf der Nase und sahen eigentlich eher wie scheinheilige Frösche aus. Wir hatten einen Robert the Bruce, einen Victor, einen Kiwi, einen »Pempe Nussu« (oder »Halbhorn«, aufgrund seines verstümmelten Horns), einen King Alfred den Zweiten und noch viele andere, deren Namen ich vergessen habe. Mein Sohn kümmerte sich liebevoll um sie, ließ sie auf dem Bambus herumlaufen und auf den Gardenien vor der Tür, die mit ihrem betörenden Duft unzählige Insekten anlockten.

Und dann kam der Tag, an dem wir drei Chamäleons auf

einen Ausflug an den Turkanasee mitnahmen, weil Emanuele sie auf keinen Fall zu Hause lassen wollte.
Es war während der Osterferien, in den heißen, trockenen Apriltagen, bevor die Regenzeit einsetzt. Die Fahrt von Nairobi dauerte lange. Wir waren zwei Tage auf staubigen Pisten unterwegs, und es verzögerte sich alles noch mehr, weil wir immer wieder Pausen einlegen mußten, um nach den Chamäleons zu sehen.
Bei jedem Halt wurde ihre Schachtel geöffnet, damit sie frische Luft schnappen konnten; sie wurden mit kühlem Wasser besprüht und schafften es sogar, ein paar Fliegen zu fangen. Doch für das größte von ihnen war die Hitze im Handschuhfach des Landrover einfach zuviel.
Als wir am späten Nachmittag des zweiten Tages nach stundenlanger holpriger Fahrt von der letzten Straßenbiegung aus die atemberaubende Weite des Sees mit seinen Inseln und den Ufern aus schwarzer Lava und gelbem Gras vor uns liegen sahen, war Fatty I tot.
In der geöffneten Schachtel, die mit getrockneten Fliegen übersät war, sah sein ausgestreckter Körper seltsam farblos aus, wie das Negativbild dessen, was er einmal gewesen war. Er wirkte so vergänglich und zerbrechlich wie kleine archäologische Funde, die man in versteckten Nischen aufgebrochener, entweihter Grabstätten findet und die beim Kontakt mit der frischen Luft in sich zusammenfallen können. Es hätte mich nicht überrascht, wenn sich das, was von Fatty I übriggeblieben war, plötzlich in blassen Staub aufgelöst hätte.
Dieses Ereignis überschattete unseren Aufenthalt. Als wir nach weiteren Meilen die Oase von Loyangalani erreichten und aus dem Wagen stiegen, um etwas zu trinken und uns im luftigen Schatten des Palmenwäldchens zu erholen, kam Emanuele nicht mit uns. Er zog allein los, über das stopplige

Emanuele und Kaa

Paolo zeigt Emanuele,
wie man mit einer Harpune Fische fängt

Auf den Seychellen:
Emanuele auf einer Riesenschildkröte

Kilifi: Emanuele (Livia Gallmann)

Shimon: Paolo und Emanuele waren
beide leidenschaftliche Angler

Emanuele liebte
das Meer und das Segeln

Eine Kindheit voller Abenteuer:
Charlie Mason und Emanuele
reiten ohne Sattel im Ngobithu-Stausee

Emanuele und Charlie spielen
mit einem jungen Python

Paolo besprüht das von Würmern befallene Dach

Der Bau eines Steinbettes:
Kuki mit Lwokwolognei und Langat

Gras auf dem Pfad, der zu den heißen Thermalquellen führt. Als er zurückkam, hatte er die Schachtel nicht mehr bei sich, und seine Augen unter dem blonden Pony schimmerten feucht. Wir ahnten, daß er die Überlebenden in einer Umgebung freigelassen hatte, die ihr Überleben ermöglichte, und daß irgendwo unter einem Lavastein die sterblichen Überreste von Fatty I ruhten.
Mit unserem Schweigen nahmen wir Anteil an Emanueles Trauer.

Als ich vor nicht allzu langer Zeit seine alten vergilbten Papiere durchsah, die heute für mich zu kostbaren Erinnerungsstücken geworden sind, stieß ich auf ein großes blaues Schulheft, das er ein wenig unbeholfen selbst gebunden hatte.
Auf dem Einband hatte eine Kinderhand in Rot geschrieben:

»Meine Chamäleons«.

Ich blätterte das Heft durch. Es war mit Juli 1975 datiert und in Englisch geschrieben. Auf ordentlichen Seiten hatte er in seiner winzigen akkuraten Handschrift von jedem seiner Chamäleons Namen und Daten, Familien, Spezies, Lieblingsnahrung und nähere Einzelheiten notiert. Eine Seite war zusammengefaltet, zerknüllt und zum Teil in kleine Stücke gerissen.
Ich faltete sie vorsichtig auseinander.
Der Abschnitt war beinahe unleserlich. Er endete so:

... Chamäleons sind außergewöhnliche Tiere und faszinierende Jäger. 1972 habe ich angefangen, sie zu lieben, und heute, 1975, liebe ich sie immer noch. Meine

Lieblingschamäleons waren Fatty I und Fatty II. Sie waren sehr schnell, wenn es ums Fressen ging, aber ansonsten bewegten sie sich langsam. Immer, wenn ich sie losgelassen habe oder wenn sie abgehauen sind, habe ich sie wiedergefunden. Fatty I ist am Lake Rudolph an der Hitze gestorben.

Bei dem Wort »gestorben« hatte der Stift gezittert.

Der Gepard des Brigadegenerals 3

> ... die geschmeidigen und schimmernden
> Geschöpfe der Jagd.
> ALFRED LORD TENNYSON

Wenn wir in den Ferien in Nairobi waren, bat Emanuele mich manchmal nachmittags, mit ihm Tigger zu besuchen. Er erinnerte sich noch daran, wie wir ihn gefunden hatten und daß er nicht weggelaufen war, nachdem er uns gesehen hatte.

Tigger war ein Gepard. Er war ein paar Jahre alt und lebte auf der Kaffeeplantage eines unserer Nachbarn, eines pensionierten Brigadegenerals.

So sprangen wir in den Wagen, fuhren zunächst über Teerstraßen und schließlich über eine rote *murram*-Piste, die sich zwischen Kaffeesträuchern hindurchwand; und schon bald bot sich uns das gewohnte Bild: Sie gingen langsam den Hügel entlang, durch das hohe trockene Gras. Ihre geduldigen schwarzen Hunde folgten ihnen still und wedelten rhythmisch mit dem Schwanz. Ein junges Mädchen schob einen Kinderwagen, aus dem die sommersprossigen Gesichter zweier Kleinkinder hervorlugten.

Groß und leicht gebeugt, seinen Golfschläger als Stütze benutzend, kam der Brigadegeneral mit seiner Frau und dem Geparden auf uns zu.

Der Gepard bewegte sich leichtfüßig, die flaumige Spitze seines Schwanzes berührte kaum den Boden, und sein geschmeidiger Gang hatte die Anmut eines Tanzes im leisen Rhythmus ferner Trommeln.

Er hatte die Leine um die Brust. Selbstbewußt und lässig schritt er dahin, den kleinen Kopf tief eingezogen zwischen seinen kraftvollen Schultern, das eine Auge wachsam und von einem Gelbton, der zur Farbe seines gleichmäßig schwarzgefleckten Fells paßte. Emanuele lief voraus, um ihn zu umarmen. Tiggers rauhe Zunge leckte Emanuele freundschaftlich über den jungen Hals und die Wangen, das Auge hatte er vor Wonne geschlossen, und dabei schnurrte der Gepard wie eine große glückliche Katze.
Das war der Abendspaziergang, wie er seit Jahren tagtäglich verlief. Zwischen den Kaffeesträuchern, entlang den Hängen hinter dem Haus. Seit dem Tag, an dem man ihn mit den anderen Jungen gefunden hatte, verlassen von der Mutter, die nach einer langen Jagd in der Savanne getötet worden war.
Er wurde gefüttert und umsorgt. Man hatte ihn wegen seines angeborenen Augenfehlers unter den Geschwistern ausgesucht, denn damit hätte er nie, wie seine Gefährten, allein und unabhängig auf die Jagd gehen können.
Sie nannten ihn »Tigger«, aber er war nur ein Kätzchen: weich wie ein Stofftier und wehrlos wie jedes andere verstoßene Junge. Sie nannten ihn Tigger – ein wilder Name –, aber er war sanft. Nur wenn Wildhasen aus ihren in die rote Erde gegrabenen Löchern hervorschossen, um mit hektischen Sprüngen im Unterholz zu verschwinden, spannten sich seine Muskeln an, und einem uralten Instinkt folgend, krümmte er sich, bereit, seiner flüchtenden Beute nachzusetzen.
Seine Spielgefährten waren die Labradorwelpen, die auf dem Hundelager jenseits der Hintertreppe zur Welt gekommen waren, wo der »Golden Shower« (eine in Kenia verbreitete Kriechpflanze) sich in Kaskaden orangefarbener Blüten ergoß und ihr Lager wie eine regelrechte Waldhöhle

abschirmte. Von den sechs wuscheligen Welpen blieben schließlich nur noch drei übrig. Sie kabbelten sich spielerisch auf dem Rasen, nagten an denselben Knochen, setzten plötzlich zu einem ausgelassenen Spurt an und schliefen tief und fest im Gras, den Bauch nach oben, die Augen vor den Strahlen der erbarmungslosen Äquatorsonne geschlossen, und waren so zu unzertrennlichen Geschwistern geworden. Er war nie allein, und wer weiß, ob er in seinem flachen kompakten Kopf jemals davon träumte, über die Ebenen zu laufen, in den kurzen roten Sonnenuntergängen, wenn es im Hochland von Vieh- und Gazellenherden wimmelt und die Raubtiere mit trägem Schritt aus den Schatten des Tages treten, um die Witterung nächtlicher Beute aufzunehmen.

Oft hob er bei einer plötzlichen Bewegung den Kopf, seine runden schwarzen Nasenlöcher vibrierten, witterten unmerkliche Gerüche, und die Ohren lauschten auf das unhörbare Rascheln verborgener Lebewesen in der Nähe. Das bernstein- und honigfarbene Auge suchte den Horizont ab. Es war von einer schwarzen Linie umrandet, die das runde Gesicht wie eine Maske zeichnete, in dem sie sich in zwei schwarze Tränenspuren teilte, die bis hinab zu den Mundwinkeln verliefen. Als ob er ein Monokel trüge, das auf weite Entfernungen eingestellt ist, entging seinem konzentrierten Blick nicht die leiseste Bewegung im Savannengras.

Er spielte mit den Hunden. Selbst mehr Hund als Katze – konnte er doch seine Krallen nicht einziehen wie diese –, sah er aus wie ein großes Windspiel mit katzenartigem Kopf und schönen Beinen, die wesentlich schlanker waren als die kräftigen, stämmigen Beine eines Löwen. Seine Tatzen waren viel schmaler als die rundlichen katzenhaften des Leoparden. Sein von der schwarzen Kriegsbemalung gezeichnetes Gesicht wirkte traurig, seine Bewegungen waren schmal und graziös und von der lässigen Eleganz, die aus dem sicheren Gefühl der Geborgenheit erwächst.

Seine Mutter hatte ihre Jungen allein zur Welt gebracht, im Schatten der großen Akazie, wo sie zwischen niedrigen Büschen vor dem Blick ihrer natürlichen Feinde, den Hyänen und Wildhunden, geschützt war. Sie hatte sie auch allein aufgezogen und ganze Tage sich selbst überlassen, wenn sie lässig und furchtlos über die Ebenen streifte und ihr anmutiger Schwanz wie eine Mähne im Wind des Abenteuers wehte. Die Jungen hatten schnell gelernt, selbständig zu sein, wobei ihnen die Natur zu Hilfe kam, denn sie stattete sie mit einem lustigen langen Haarschopf aus, weiß und glatt wie das lange Hochlandgras, das von der afrikanischen Sonne gebleicht wird. So getarnt, konnten sie sich selbst zwischen trockenen Zweigen und Dornen verstecken, bis ihre Mutter in der Dämmerung zurückkehrte, um sie mit geschwollenen Zitzen zu füttern, während ihr Atem noch immer nach dem Blut einer Thomsongazelle roch.

Aber eines Nachts kam sie nicht zurück, und der Jäger fand ihre Jungen am nächsten Tag: hungrig und apathisch, trostsuchend dicht aneinandergedrängt im Schatten der Akazie.

Tigger wuchs mit den Welpen heran, und neben ihren schwarzen Fellen sah er komisch und deplaziert aus. Sein weißes Haarbüschel stach auffällig aus dem grünen Rasen hervor, der so anders war als die silbrigen Wellen des Savannengrases, das in plötzlichen Windstößen hin und her wogt.

Er wurde stark, wußte nicht um seine große Kraft und Eleganz, und schließlich war er ausgewachsen. Und in den Märznächten spürte Tigger plötzlich den Ruf seiner Rasse, obgleich die Farm, auf der er lebte, am Rande der Stadt lag und das Geräusch vorbeifahrender Autos und Lastwagen,

das durch den kleinen Wald drang, ihm wie ein Angriff auf seine Einsamkeit erschienen sein muß.
Eine zahme Gepardin lebte nicht weit entfernt, in einem von Bougainvilleen, Hunden und hohen Hibiskushecken geschützten Garten.
Eines Nachts kamen wir spät von einer Party nach Hause, und an der Abzweigung zu unserer Einfahrt entdeckte Emanuele mit seinen scharfen Augen zwischen Sisalagaven und riesigen Poinsettien eine regungslose Gestalt, die sich im Vollmond in all ihrer wilden Schönheit abzeichnete. Vollkommen ruhig, wie die Statue einer Sphinx, saß er unter dem Pfefferbaum neben unserem Namensschild. Er hielt den Hals gestreckt, und seine Nasenlöcher blähten sich, um den Wind zu schnuppern. Ein tiefes unregelmäßiges Grollen – vielleicht ein Paarungsruf – stieg aus seiner herrlichen Kehle.
In sämtlichen Gärten der Nachbarschaft bellten wütend die Hunde und heulten in ihrer Unruhe den Mond an.
Weder dieser Lärm noch unser näherkommender Wagen schien ihn zu stören. »Tigger«, flüsterte Emanuele leise aus dem Wagenfenster.
Er wandte langsam den Kopf und blickte uns direkt an, furchtlos, distanziert, umgeben von seiner geheimnisvollen Aura.
Einen Augenblick später war er verschwunden, verschluckt von der Dunkelheit.
Ich denke, danach kam die Legende von dem Leoparden von Rosslynn auf. Irgend jemand sah ihn und gab eine ungenaue Beschreibung ab. Eine Zeitlang schlossen alle abends ihre Hunde ein, denn es ist bekannt, daß Leoparden gern Hunde fressen.
Wir nicht. Wir wußten, daß es Tigger war, der nachts sein sicheres Hundelager und seine warme Decke verließ und

viele Meilen zurücklegte, um dem Ruf seiner schlummernden und nie befriedigten Instinkte zu folgen. Wir hatten den Brigadegeneral angerufen, und er stellte fest, daß das Tor zwar verschlossen, der Korb aber in der mondhellen Nacht leer war. Er ließ das Tor zur Farm offen, obwohl es nicht notwendig war, denn ein Gepard kann ohne Mühe sehr hoch springen.

Am nächsten Morgen war Tigger wieder da, ungerührt und zahm, als ob nichts geschehen wäre. Er spielte mit den Hunden, wartete auf die Leine und den Abendspaziergang zwischen den Kaffeesträuchern: wie ein alter Stich im Widerschein der Sonne. Zur Überraschung aller bekam die Gepardin unserer Nachbarn einige Zeit später Junge.

Eines der Jungen hatte einen angeborenen Augenfehler, und wir alle wußten, was geschehen war.

Die Massai-Frau 4

> In den Gesichtern einiger Massai-Frauen
> stand die Geschichte eines Volkes
> geschrieben, das aufgrund seiner
> strengen Traditionen als einzigartig
> unter den Völkern der Erde gilt.
> ROBERT VAVRA

Die Frau, die durch das Camp schritt, war groß und schlank. Sie hätte ebensogut achtzehn wie dreißig Jahre alt sein können.
Im gelben Morgenlicht der Augustsonne kam sie direkt auf mich zu, während ich mich reckte, um die letzten Spuren des Schlafs zu vertreiben, fröstelnd in der kühlen Morgenluft des kältesten Monats im kenianischen Hochland. Es war August 1973, und die Jagd in Kenia war noch nicht eingeschränkt worden.
Mit hoher, klarer Stimme begrüßte sie mich auf swahili und bat mich gleich ohne Scheu um etwas Salz.
»*Chumvi. Mimi nataka chumvi.*«
Sie lächelte und zeigte ihre geraden, regelmäßigen Zähne.
Alle Lebewesen im Hochland müssen ihre Nahrung mit Salz anreichern. Steinsalz mit Erde gemischt ergibt eine Salzlecke, der weder Elefanten und Nashörner noch Antilopen und Büffel widerstehen können. Bei Einbruch der Dunkelheit legen sie viele Meilen zurück und folgen dem feinen, für die menschliche Nase nicht wahrnehmbaren Salzgeruch. Bevor sie die schützenden Büsche um den Bereich der Salzlecke verlassen, wo Generationen von Tieren alles Grün

mit ihren Hufen niedergetreten haben, verharren sie kurz und schnuppern mit bebenden Nüstern, mit zaghaften Rüsseln, um im Wind die Witterung einer möglichen Gefahr aufzunehmen. Wenn sie beruhigt sind, gehen sie mit gesenktem Kopf weiter, begierig, das Salz zu lecken, das der Boden birgt.

Chumvi. Eine Handvoll dieses kostbaren Salzes ist ein Genuß, dem auch kaum ein Mensch im wilden Afrika widerstehen kann.

Ich lächelte die Frau an und nickte. Sie näherte sich auf ihren grazilen Beinen und setzte sich neben mich in den Staub.

Wir hatten am späten Nachmittag nicht weit von einem *manyatta*, in der Gegend von Narok, einem der Hauptzentren des stolzen Massai-Stammes, unser Lager aufgeschlagen.

Narok bestand damals aus zwei Tankstellen, einem Gemischtwarenladen, der, wie praktisch alle anderen Läden auch, von Indern betrieben wurde, und ein paar *dukas*, den Geschäften, in denen man beinahe alles bekommt: Tee, Wolldecken, dunkles Zuckerrohr, Schnupftabak, Dosenbohnen und Tabletten zur – häufig vergeblichen – Bekämpfung der endemischen Malaria.

Wir hatten uns einen Platz im Schatten einer Gruppe von Fieberbäumen gesucht und am Abend aus Zweigen und trockenen Ästen ein Lagerfeuer gemacht, an dem wir auf primitivem Eisendraht die zarten Filets der Thomsongazelle grillten, die nicht schnell genug gewesen war.

Das *manyatta* war groß und setzte sich wie alle anderen aus niedrigen länglichen Bauten zusammen, die wie Brotlaibe geformt waren. Sie bestanden aus einer Mischung von Lehm und Dung auf einem Gerüst aus gebogenen Stöcken, das mich stark an ausgetrocknete Schmetterlingspuppen erinnerte.

Um die Behausungen herum errichtete man mit den Ästen dorniger Akaziensträucher und Stechwinden, deren dicke Stacheln nach außen gedreht wurden, einen hohen, für Tier und Mensch undurchdringlichen Schutzwall.

Innerhalb der Umfriedung schlief nachts das Vieh. Hier lagen die Tiere dicht zusammengedrängt und waren vor Raubtieren und Viehdieben geschützt. Der Viehbestand war der Reichtum, den der Gott Ngai – was nach dem Verständnis der Massai *Himmel* bedeutet – dem Massai-Volk auf ewige Zeiten gewährt hatte.

Die Frau trug ein Gewand aus Ziegenfellen, die mit Fett und Ocker rot gefärbt waren. An ihrem rechten Ohr, das so lang gestreckt war, daß es ihr bis auf die Schulter reichte, hing ein Schmuckstück in Form eines Pfeils aus silbrig poliertem Zinn.

In ihrem linken Ohr steckte ein alter Bierflaschenverschluß, der wie eine neue Münze glänzte. Ihr rechtes Bein war vom Knöchel bis zum Knie von einem spiralförmigen Messingreif umwunden. Er saß so eng, daß zwischen ihm und dem Bein kein Zwischenraum war. Ihre dünnen Vogelbeine waren derart abgemagert, daß ich bei ihrem Anblick an die Schienbeinknochen denken mußte, die ich als Kind bei einer archäologischen Exkursion mit meinem Vater auf einem frisch gepflügten Feld in der Gegend von Quarto d'Altino gefunden hatte.

Wie fern und doch wie nah schien meine Kindheit Afrika zu sein!

Der Schmuck ließ erkennen, daß die Frau verheiratet war. Um den Hals, auf der Stirn und um die faszinierenden schwarzen Augen herum trug sie, wie eine wandelbare tanzende Maske, zahllose dünne Reihen bunter Perlen, die sanft hin und her schwangen. Sie waren mit unendlicher Geduld, erstaunlichem Geschick und einer vollendeten Symmetrie aufgefädelt, bei der kein Spiegel geholfen hatte. Wie ein phantastisches Make-up umrahmten sie ihre schrägstehenden Augen, wo unzählige Fliegen ungestört in ahnungsloser Reglosigkeit winzige Ornamente bildeten, ähnlich den *points d'esprits* auf dem Spitzenschleier eines Damenhutes aus der Zeit um die Jahrhundertwende.

Ich schüttete das Salz direkt aus der Plastiktüte auf ihre rosa Handfläche, die sie mir wie eine von ihren schlanken schwarzen Fingern gehaltene Schale darbot. Lachend und gierig leckte sie das Salz wie eine höchst begehrte Delikatesse auf, und erst als sie damit fertig war und ich ihr die restliche Packung in die Hand gelegt hatte, blickte sie mir direkt ins Gesicht und begann, Fragen zu stellen.

Sie sprach Swahili, was für im Hochland lebende Massai in jener Zeit ungewöhnlich war. So konnte ich sie verstehen. Wir führten ein sonderbares Frauengespräch. Und für eine Weile waren wir uns so nah, wie man es nur sein kann, wenn man sich aus Anlaß einer Handvoll Salz in der Einsamkeit des gerade angebrochenen Tages begegnet, wenn die Massai-Männer, mit Speeren zum Schutz gegen Löwen und Wilddiebe bewaffnet, bereits mit ihren Herden über die weiten Ebenen ziehen und die europäischen Männer den frischen Büffelfährten folgen und vor lauter Eile ihren Tee stehengelassen haben.

Das einzige, was an jenem Morgen von Paolo zurückblieb, waren eine noch dampfende Tasse und der ausgedrückte Stummel seiner ersten Zigarette. Diese Hinweise auf einen Mann in meinem Leben hatte sie sofort bemerkt, und sie fragte: »*Wapi Bwana yako?*« – wo ist dein Mann? –, und noch

ehe ich ihr antworten konnte, erzählte sie mir von ihrem Mann.
Ihre Geschichte war typisch für alle jungen schönen Frauen ihres Stammes und ihres Alters kurz nach der Klitorisbeschneidung.
Der junge, stattliche Moran-Krieger hatte auf seinen jahrelangen Raubzügen so viel Vieh in seinen Besitz gebracht, daß er sich eine Frau leisten konnte. Er bekundete sein Interesse an ihr, indem er ihr eine Halskette schenkte, die sie annahm.
Ihre Eltern erwarteten den Verlobten voller Spannung. Wie es Brauch war, würde er als erste Gabe Honig bringen, den seine zukünftige Frau und die jungen Mädchen, die mit ihr beschnitten wurden – und deshalb für alle Zeiten ihre Schwestern waren –, mit Milch mischen und gemeinsam trinken würden.
Tatsächlich hatte der zukünftige Bräutigam große Mengen Honig mitgebracht, aus dem nach der Gärung ein berauschender Schnaps destilliert wurde, den die Stammesältesten bei den Feierlichkeiten tranken. In diesem Stadium war der junge Mann gerufen worden, und man hatte ihm mitgeteilt – Gott soll es hören –, daß seine rituellen Geschenke angenommen seien und seine Bitte gewährt würde und kein anderer nunmehr auf seine Braut Anspruch erheben könne.
Ihre alte Mutter hatte ein Lamm bekommen und ihr Vater ein Kalb und gegerbte Schafshäute, aus denen das Hochzeitskleid angefertigt werden sollte. Die zwei Kälber und der Bulle, die der Bräutigam am Hochzeitstag mitgebracht hatte, paßten farblich zusammen; sie waren weiß wie der kühle neue Mond. Wie es der Brauch verlangte, waren sie gesund und kräftig, ohne Narben auf dem weichen, sonnengewärmten Fell.

Man hatte einen Widder und zwei Jungschafe – die unglücklichen Opfertiere afrikanischer Feierlichkeiten – geschlachtet und das Fett des armen Widders als zeremonielle Salbe benutzt.

Am Hochzeitstag, nachdem die Sonne wie eine strahlende *Kalebasse* am Horizont eines neuen tiefblauen afrikanischen Morgens aufgegangen war und der Braut an ihrem großen Tag das Herz vor Glück und Stolz zerspringen wollte und ihre Freundinnen mit hoher Stimme ein Freudenlied sangen, waren die alten Frauen gekommen.

Sie hatten sie mit dem besagten Honiggebräu übergossen und ihr mit Hilfe der stolzen Mutter, die bereits ihre Festkleidung angelegt hatte, in einem komplizierten Ritual jenen Schmuck am Bein und am Ohr befestigt.

Ich hörte fasziniert zu. Sie erzählte stockend, immer wieder angespornt durch meine Fragen; und das halbe Pfund Rohrzucker, das sie ganz nebenbei und fröhlich direkt aus der Tüte leckte, war eine zusätzliche Anregung.

Die Sonne stand bereits hoch, und die Zikaden zirpten ohrenbetäubend, trocken wie der Klang von Zweigen, die von tausend unsichtbaren Händen gegeneinandergeschlagen werden.

Die große, schlanke Frau gähnte und reckte sich. Ich begriff, daß die Geschichte für heute zu Ende war. Sie sah sich um und richtete ihre Augen auf das Stück Seife, das auf einem Stein trocknete und mit dem Paolo sich die Hände gewaschen hatte. Plötzlich deutete sie mit ihrem Kinn in die Richtung und unterstrich ihr Verlangen danach, indem sie so tat, als seifte sie sich den Arm damit ein, und selig lächelnd an ihrer Haut roch. Ich reichte ihr die Seife, und sie strich sich damit genüßlich seufzend über die trockene Haut, als wäre es Creme.

Die Fliegen flogen träge von den ruhelosen Augenlidern auf und ließen sich sofort wieder darauf nieder. Ich fragte, wie viele Kinder sie geboren habe. Sie überlegte kurz und hielt schließlich drei Finger hoch. Doch dann besann sie sich erneut und klopfte sich eifrig auf den Bauch. »*Mimi ni mimba tena*«, verkündete sie stolz und warf den Kopf zurück. Ich bin wieder schwanger.

Ihre Stimme klang so frisch wie das Läuten einer Glocke bei Tagesanbruch.

Ich staunte darüber, wie dünn sie war, und sagte es ihr. Sie erklärte mir, daß die Massai sorgsam darauf achteten, daß schwangere Frauen nicht zu dick würden, da sie darin eine Gefahr für das Baby sähen. Wie modern. Doch Schwangere genossen das einzigartige Vorrecht, Fleisch zu essen. Ein erstaunlicher Luxus für diesen Stamm, der sich nur von der geronnenen Milch, dem Blut und Urin seiner Rinder ernährt. Normalerweise essen die Massai nur gestohlenes Fleisch, niemals das ihres eigenen Viehs. Sie stand behende auf.

Sie maß mich mit einem selbstbewußten, herausfordernden Blick. Plötzlich fragte sie neugierig:

»*Bwana yako ulilipa ngombe na njau ngapi kwa baba yako kuoha wewe?*« Wie viele Kühe und Kälber hatte mein Bwana für mich an meinen Vater bezahlt?

Leicht beschämt über die europäische Unzulänglichkeit, versuchte ich ihr zu erklären, daß wir in unserer Tradition, in dem Land namens Ulaia, wo ich herkam, andere *Desturi* befolgten.

»*Yetu ni desturi ingine.*« Der Swahili-Begriff *Desturi* bedeutet Brauch und ist ein Zauberwort, welches das Unerklärliche verständlich macht. Bräuche sind heilig, nicht in Frage zu stellen und werden unmittelbar und vorbehaltlos akzeptiert.

Oft hatte ich meinen *desturi* als Vorwand benutzt und mir so möglicherweise peinliche Erklärungen erspart.
Es war klar, daß sie den *desturi* in diesem Fall für unwürdig hielt. Einen Augenblick lang kam es auch mir so vor. Sie sagte nichts dazu. Sie hob bloß die Schultern, unmerklich, als wollte sie den Geiz dieses unbegreiflichen *Wasungu* abschütteln.
Mit einem Klirren ihrer Fußringe stand sie da, groß, leicht und dünn, ohne in dem Staub, in dem wir beisammengesessen hatten, eine Spur zu hinterlassen.
Mit natürlicher Anmut öffnete sie ihr Gewand aus Tierhäuten, das wie ein Jäckchen ihre Brust bedeckte, und entblößte zwei hängende Brüste, prall wie längliche Geldbeutel. Mit Daumen und Zeigefinger hob sie eine Brust an und drückte sie mit der Fingerfertigkeit einer Melkerin: Eine lange, milchig trübe Fontäne spritzte heraus, schoß knapp an meinem Gesicht vorbei und landete zischend auf den Zweigen. Mit einem stolzen Kopfnicken forderte sie mich auf, es ihr gleichzutun. Doch noch ehe ich mich geschlagen geben konnte, reckte sie sich, und ich konnte in ihrem offenen lachenden Blick einen Anflug von Spott erkennen.
Eine plötzliche Brise fuhr durch die Baumwipfel, strich über unsere Gesichter und war gleich wieder vergessen. Die Massai-Frau schritt durch die niedrigen Salbeibüsche davon, erhobenen Hauptes und wortlos, wie sie gekommen war.

Mwtua 5

> Anders dachten die Götter.
> VERGIL

Er war ein kleiner Mann mit einem ständigen Lächeln im Gesicht, kurzem, angegrautem Haar und kleinen, immer fröhlichen, strahlenden Augen. In seiner Ergebenheit verrichtete er bereitwillig jede Arbeit. Dabei besaß er eine natürliche Unschuld, die an die einfachen Heiligen aus biblischen Erzählungen erinnerte. Seit vielen Jahren kümmerte er sich schon um mein Haus in Nairobi, ein verläßlicher Bursche, von allen geachtet, ein Freund von Hunden und Kindern. Intelligent war er nicht, im Gegenteil vielleicht sogar ein wenig einfältig. Häufig verhaspelte er sich beim Sprechen und verfiel in ein schreckliches Stottern, doch seine Gutmütigkeit und sein guter Wille machten seinen Mangel an Eigeninitiative mehr als wett.

In letzter Zeit war mir aufgefallen, daß er älter aussah und ziemlich vergeßlich geworden war. Sein Stottern hatte sich verschlimmert, so daß es ihm immer schwerer fiel, rasch zu antworten, und ich große Mühe hatte, zu verstehen, was er sagen wollte. Er konnte perfekt bügeln, aber seine Sehkraft schien allmählich nachzulassen, denn häufig fand ich zwischen meinen Kleidern und Blusen Kindersachen und fremde Pullover.

Er sah müde aus, und er schien zu schlurfen, und ich fragte mich, ob es nicht besser wäre, wenn er sich zur Ruhe setzte und zurück nach Kitui ginge, wo er herstammte und wo er

auf der kleinen *shamba*, die er vor Jahren gekauft hatte, auf seine Enkelkinder aufpassen könnte.
Aber er wollte nicht gehen. Als ob er gespürt hätte, daß ich ihn bald zu mir rufen würde, um ihm zu erklären, daß die Zeit für ihn gekommen sei, nach Hause zurückzukehren und in Ruhe und Frieden seinen Lebensabend zu verbringen, schien er seine Anstrengungen zu verdoppeln und mehr und länger zu arbeiten, so als wollte er mir beweisen, daß er noch lange nicht zum alten Eisen gehörte.
Eines Nachts, als ich spät von einem Abendessen in mein Haus in Gigiri zurückkehrte, kam statt der Wache ein seltsamer kleiner Mann, in einem viel zu weiten Mantel, ans Tor getrottet. Nachdem er sich endlos lange mit den Schlüsseln am Schloß zu schaffen gemacht hatte, gelang es ihm endlich, das Tor zu öffnen. Der für den kleinen grauen Kopf überdimensionale Helm war so tief heruntergerutscht, daß er beinahe die Augen verdeckte. Darunter war ein fröhliches, fast ein wenig fanatisches Grinsen zu sehen: Es war Mwtua, der freiwillig aushalf, nachdem der *askari* überraschend einen Malariaanfall bekommen hatte. Nun lief er die ganze Nacht in der Kälte herum und bewachte treu mein Haus.
Dennoch war mir klar, daß Mwtua gehen mußte, aber ich wollte eine passende Gelegenheit abwarten, um es ihm zu sagen.
Es war ein nebliger Morgen in Nairobi. Ich wollte über den Laikipia-Sicherheitssender sprechen und mußte feststellen, daß der Empfang meines Funkgerätes schlecht war. In der Nacht zuvor hatte es heftig geregnet, und ich fragte mich, ob die ungewöhnlich starken Störungen vielleicht daher rührten, daß ein Ast auf die Antenne gefallen war.
Ich rief Wangari, meine Hausangestellte und Mwtuas Nichte, und bat sie, einen Gärtner zu beauftragen, die Position

der Antenne zu überprüfen. Nach wenigen Minuten kam sie zurück.

»*Ndio*«, erklärte sie. »*Aerial naaunguka, lakini Mwtua nasema yeye nawesa kutanganesa.*« (Ja. Die Antenne ist abgeknickt. Aber Mwtua sagt, er kann sie reparieren.)

Ich lächelte. Das war typisch für ihn. Natürlich kam das auf gar keinen Fall in Frage. Die Antenne war in großer Höhe an der Spitze des größten Baumes befestigt. Die Fachleute von Wilken waren mit einer Spezialleiter angerückt, um sie dort anzubringen. Es gab gar keine andere Möglichkeit, an sie heranzukommen.

»Ich werde den Wartungsservice anrufen«, sagte ich zu Wangari. »Bitte sag Mwtua, daß wir uns darum kümmern werden.«

Das Telefon klingelte, und ich hob ab. Dann versuchte ich den Wartungsservice anzurufen. Die Nummer war besetzt.

In der Zwischenzeit hatte es wieder angefangen zu nieseln. Ich ging ans Fenster und sah hinaus. Eine kurze Holzleiter lehnte an der Kastanie in der Mitte des Rasens, dem höchsten Baum des Gartens, an dem die Antenne befestigt war. Eine Leiter? Wieso? Von einer plötzlichen Vorahnung erfaßt, griff ich nach meiner Brille.

Ich sah hinaus. Tatsächlich, zwischen den dichtbelaubten Ästen kletterte, in seiner grünen Uniform beinahe unsichtbar, Mwtua behende und schnell in Richtung Antenne.

Mir stockte der Atem. Das war unmöglich. Zur Spitze hin waren die Äste so dünn, daß sie das Gewicht eines menschlichen Körpers bestimmt nicht tragen konnten.

Die Kisii und Mkamba sind Waldvölker; ihre Stammesangehörigen arbeiten gern mit Holz, und sie kennen sich mit Bäumen aus. Schon in früher Kindheit lernen sie, wenn sie im Wald die Ziegen und Rinder hüten, auf Bäume zu klettern, um Früchte oder Honig zu ernten oder Vogeleier zu

stehlen. Trotzdem, der Baum war zu hoch und außerdem naß vom Regen. Die Äste schwankten bedrohlich. Mwtua war zu alt zum Klettern.
Ich wollte gerade das Fenster öffnen, um ihn zurückzurufen, als mich irgend etwas an ihm davon abhielt.
Es war, als ob er dort auf dem Baum eine Wandlung durchgemacht hätte. Sein Alt-Männer-Gebaren war wie eine alte Haut von ihm abgefallen. Da kletterte ein junger Mwtua konzentriert und behende mit weichen, fließenden Bewegungen. Die dünnen Beine und Arme schienen sich fast wie Greifer mit Leichtigkeit um die Äste zu schlingen. Doch das Erstaunlichste war die Veränderung seiner Augen. Sie waren weit geöffnet und vergrößert, so daß das Weiße riesengroß und gleichsam phosphoreszierend wirkte, und sie blickten beinahe so starr und reglos wie bei einem Tier. Er erinnerte mich auf unheimliche Weise an ein Buschbaby, das ich einmal besessen hatte.
Ich hielt atemlos inne und sah ihm wie hypnotisiert zu. Ein Stockwerk tiefer stand Wanjiru am Küchenfenster und beobachtete Mwtua mit der gleichen Besorgnis. Wie sie mir später erzählte, hatte sie genau denselben Eindruck wie ich.
Ganz offensichtlich war mit Mwtua da oben auf dem Baum irgend etwas geschehen.
Seine Verwandlung erschien mir so tiefgreifend, und er war so entrückt, so völlig eins mit seiner Baumwelt aus Wipfeln, Blättern und Luft, daß ich Angst hatte, ihn zu erschrecken, wenn ich das Fenster öffnete. Daher beschloß ich, seine Aufmerksamkeit dadurch auf mich zu lenken, daß ich gegen die Scheibe klopfte.
Er schien nichts zu hören. Dann blickte er für einen Moment auf wie ein Vogel, der von einem unbekannten Geräusch überrascht wird, und in diesem Augenblick klingelte

das Telefon in meinem Zimmer. Ich ging hinüber, hob ab, und als ich den Hörer wieder auflegte, wandte ich mich um. Mittlerweile goß es in Strömen, und durch den Regen hindurch sah ich zu meinem Entsetzen, wie die Baumspitze in diesem furchtbaren Augenblick hin und her schwankte, und Mwtuas Körper stürzte vor meinen Augen in alptraumhafter Zeitlupe mit einem Blätterregen, in dem er selbst einem Blatt ähnelte, kopfüber hinab auf den Rasen, wo er regungslos liegenblieb. Ein kleiner abgebrochener Ast fiel mit ihm herunter, und das Antennenkabel baumelte wie eine nutzlose Liane in der Luft. Ich öffnete das Fenster, um besser sehen zu können.

Er lag zusammengekrümmt da, jämmerlich klein in seiner grünen Kleidung, und mit einem Kloß im Hals gestand ich mir ein, daß er tot sei. Niemand hätte aus einer solchen Höhe auf den Kopf fallen können, ohne sich das Genick zu brechen.

Nach einem scheinbar endlos langen Augenblick der Stille setzte plötzlich hektische Betriebsamkeit ein. Wie Zuschauer, die nach der Vorstellung auf die Bühne stürmen, rannten der Gärtner, die *shamba*-Frau und Wanjiru auf Mwtua zu, als ob sie alle nur darauf gewartet hätten, in Aktion zu treten. Wangari aber zog sich ihre Schürze über den Kopf, reckte die Arme gen Himmel und stimmte mit einer fremden, wilden Stimme, die mich erschaudern ließ, in einer unbekannten Sprache einen unheimlichen, uralten Klagegesang an.

Wanjiru war bei ihm. Ich bemerkte, daß sie die Schuhe abgestreift hatte, um schneller laufen zu können.

»Nicht anfassen!« schrie ich vom Fenster aus. Ich befürchtete, daß sie seinen Zustand durch unsachgemäßes Verhalten verschlimmern würden, falls er durch eine Laune des Schicksals doch noch am Leben war.

»*Kwishia kufa?*« (Ist er tot?) rief ich und betete, der Alptraum möge zu Ende gehen, in der Hoffnung, die Uhr zurückdrehen zu können.

»*Badu!*« (Noch nicht.) schrie Wanjiru zurück.

Ein Arzt mußte her. Ich begriff, daß es um Sekunden ging und daß jetzt alles darauf ankam, das Richtige zu tun. Mit zitternden Fingern wählte ich die Privatnummer eines guten italienischen Freundes, der als Gehirnchirurg im Krankenhaus arbeitet und in allen Notfällen mein Ansprechpartner ist. Es war der direkteste Weg und ersparte mir langatmige Erklärungen gegenüber der Telefonzentrale.

»Marieke«, flehte ich seine Frau an, »Mwtua ist vom Baum gefallen, und ich glaube, er ist tot. Bitte, sag Renato, daß ich ihn sofort ins Krankenhaus nach Nairobi bringe.«

Sie war selbst früher Krankenschwester gewesen und verlor keine Zeit mit überflüssigen Fragen. Ich warf den Hörer auf die Gabel und rannte die Treppe hinunter.

Von jammernden Menschen umringt, lag Mwtua in Embryonalhaltung da. Er hatte die Augen geschlossen, und einige abgemähte Grashalme klebten an seiner Wange. Er sah aus wie tot.

Ich empfand die große innere Stille, die sich vor einem unwiderruflichen Unglück einstellt, und in dieser geräuschlosen Welt kniete ich neben ihm nieder. Ich zwang mich, eines seiner Augenlider zu öffnen – die Haut war kalt und klamm –, und berührte die Pupille leicht mit einem Blatt. Zu meiner ungeheuren Erleichterung verengte sich das Auge und zuckte. Ein Beben durchlief seinen Körper: Er lebte!

Geräusche drangen in mein Bewußtsein, und ich bemerkte den rasselnden Atem, der stoßweise aus seiner Brust drang. Ich legte meine Hand auf seinen Rücken und massierte ihn,

rief leise seinen Namen; trüber Speichel, vermischt mit Grasstückchen, lief ihm aus dem Mund.
Wir fuhren ihn zum Krankenhaus. Er lag hinten in meinem Wagen, eingehüllt in eine Decke. Trotz seiner Bewußtlosigkeit wand er sich, machte im Schlaf abrupte Bewegungen, als ob er noch immer davon träumte, auf den Baum zu klettern.
Er wurde sofort auf die Intensivstation gebracht, und die Krankenhausmaschinerie, die von Renato Ruberti in Gang gesetzt worden war, arbeitete auf Hochtouren: Temperaturmessung, Röntgen, Tests, Abtasten und alle möglichen Untersuchungen alles ging rasch und glatt vonstatten. Dann schaute Renato, der Mwtuas Handgelenk hielt, zu mir auf, und einen endlosen Augenblick lang hielten seine klugen Augen hinter der Brille meinen Blick fest, bevor er etwas sagte. Ich schluckte.
Das Genick gebrochen? Eine Schädelfraktur? Ein zerschmetterter Thorax? Ein Koma, aus dem er nicht mehr erwachen würde? Irreparable Gehirnschäden? Würde er in wenigen Minuten tot sein?
Plötzlich machte sich auf Renatos Gesicht ein frohes Grinsen breit.
»Du wirst es nicht glauben«, sagte er gedehnt auf italienisch.
»Ihm fehlt überhaupt nichts. Bloß eine kleine Gehirnerschütterung. Der Baum war dreißig Meter hoch, hast du gesagt?« Er schüttelte den Kopf.
»Noch nicht mal eine Rippe gebrochen, und auch sonst keinen Kratzer. Er braucht noch nicht mal einen Gips.«
Die Hausangestellten jubelten, betrachteten seine Rettung als Zauberei und priesen Gott, der darüber entscheidet, wer leben darf und wer sterben muß, denn in seiner Weisheit hatte er Mwtua, dem das Böse fremd war, verschont.
Daheim im Dorf las man Messen in der Missionskirche und

feierte besondere Stammeszeremonien, um die neuen und alten Götter milde zu stimmen. Kurz darauf strömten die Menschen in Scharen herbei, um ihn zu sehen.

Vorsorglich ließ ich ihn zunächst eine Woche zur Beobachtung auf der Intensivstation im Krankenhaus. In dieser Zeit schlief er meistens und wurde nur regelmäßig geweckt, wenn er gefüttert werden sollte.

Die Besucher betrachteten ihn stumm und ehrfürchtig – diesen Respekt und diese Rücksicht brachte man sonst nur einem *muganga* (Schamanen) entgegen – und erklärten, es sei ein Wunder geschehen. In ihren Geschichten wurde der Baum immer höher, eine heilige Kraft hatte Mwtua emporgehoben, ein Vogel hatte seinen Fall aufgehalten, und wie bei allen Legenden wurde das Abenteuer mit jedem Mal in bunteren Farben geschildert und um neue Einzelheiten bereichert.

Wanjiru erklärte, es sei geschehen, weil Gott mich liebe und nicht zulassen wollte, daß eine Tragödie mein *boma* beschmutze. Bei den meisten kenianischen Stämmen war es Sitte, Sterbende aus der Ansiedlung zu bringen, denn ein Haus, in dem jemand gestorben war, galt als unrein und wurde normalerweise niedergebrannt.

Mwtua war zwar unerklärlicherweise unverletzt geblieben, aber irgend etwas war mit seinem Kopf geschehen. Er wandelte geistesabwesend umher, ein unerschütterliches seliges Lächeln auf dem Gesicht, und nichts schien ihn zu berühren. Er lächelte mehr denn je und murmelte vor sich hin, spielte viel mit den neugeborenen Welpen und saß in der Siedlung des Personals vor seinem Haus. Eine Art Trägheit hatte ihn befallen, und er starrte vor sich hin, als ob er geheimnisvolle Bilder in seinem Innern betrachtete. Versorgt wurde er von seiner Frau, die aus dem Dorf gekommen war, um nach ihm zu sehen.

Die Ärzte schlugen vor, er sollte leichte Arbeiten verrichten, um wieder in Übung zu kommen, und Wanjiru wies ihm simple, monotone Aufgaben zu, wie Silber polieren oder Schuheputzen. Er stimmte mit großer Begeisterung zu, aber er wienerte die Schuhsohlen, so daß wir es bald aufgaben. Schließlich ging er wieder zurück in sein Dorf. Er freute sich darauf, mit seinen Enkeln zu spielen und sich in seiner *shamba* auszuruhen, so wie es einem alten Mann zukommt. Es fiel mir schwer, ihn gehen zu lassen. Schließlich kam er in einer Jacke, die Paolo gehört hatte, um sich langsam und schwerfällig zu verabschieden. Aber als er mir und Sveva immer und immer wieder die Hand schüttelte, als ob er sie einfach nicht loslassen wollte, und versprach, daß er möglichst bald wiederkommen wolle, bemerkten wir voller Verwunderung, daß sein Stottern vollkommen verschwunden war.

Der Hai von Vuma 6

> Der alte Mann wußte, daß er tot war,
> aber der Hai wollte es nicht wahrhaben.
> ERNEST HEMINGWAY

Draußen im Indischen Ozean, zwischen den Fjorden von Taka-Ungu und Vipingo, liegen die Untiefen von Vuma.
Es sind Sandbänke aus versunkenen flachen Savannen, mit langem Seegras bedeckt, das aus alten Korallengärten wächst. Rastlose Unterwasserströmungen biegen die blassen grüngrauen Halme der Pflanzen. Sie erschauern und schütteln ihre trägen Mähnen wie das Savannengras, das von der unsichtbaren Hand des Hochlandwindes gestreichelt wird.
Fische aller möglichen Arten schwimmen in großen Schwärmen herbei, um in der dunklen Tiefe des Ozeans zu weiden wie die Gazellen und Antilopen auf den Enghelesha-Ebenen. Und natürlich kommen auch Raubfische.
Die Gewässer von Vuma sind berüchtigt wegen der zahllosen Haie, die in der Dunkelheit am Rande der Untiefen lauern, um rasch und tödlich über die weidenden Schwärme herzufallen. Wie alle Fleisch- und Aasfresser werden sie von den ruckartigen, unregelmäßigen Bewegungen angezogen, die ein Lebewesen in Not vollführt, und von dem Blutgeruch, der in dicken blaßroten Wolken durchs Wasser treibt wie alle Gerüche im Wind.
Vuma war zu trauriger Berühmtheit gelangt, nachdem mehrere *dhows* nacheinander im Sturm gesunken und die schiffbrüchigen Besatzungen von Haien gefressen worden waren.

Diese und ähnliche Geschichten bekam man unweigerlich zu hören, wenn jemand Vuma erwähnte.
Man wußte, daß schnell schwimmende Fischarten wie *Cole-Cole* und Thunfische, kleinere Räuber, sich gern dort aufhielten und daß große Klippenbarsche in Korallenhöhlen entlang der Ränder des unterseeischen Hochlandes lebten. Auf seltsame Weise war Vuma die seeische Entsprechung zu Laikipia mit seinem Plateau am Rande des Rift Valley. Natürlich übte es auf Paolo eine unwiderstehliche Anziehungskraft aus, und so paddelte er, mit seiner Harpune ausgerüstet, häufig von Kilifi aus in seinem Schlauchboot dorthin. Manchmal fuhr er mit Freunden, doch meistens mit Ben.
Ben lebte in Kilifi und war ein Fischer aus dem Stamm der Swahili. Wie die meisten von ihnen war er Muslim und trug stets eine kleine bestickte Mütze. Die Swahili unterschieden sich mit ihrem arabischen Blut von den Giriama, dem stärksten Stamm in Kilifi, der zu den Bantu-Völkern gehört. Ben war klein, aber kräftig gebaut, mit breiten Schultern und starken Muskeln. Über einem kurzen schwarzen Bart und einer flachen, spitzen Nase mit großen Nasenlöchern blickten einen seine schrägstehenden klugen Augen verschmitzt an. Er strahlte den unerschütterlichen Glauben an seine seemännischen Fähigkeiten aus, den Hochmut einer edlen, traditionsbewußten Rasse und eine gewisse spitzbübische Trägheit, die man ihm verzieh, weil sie, wie die meisten Sünden an der Küste, nicht besonders ausgeprägt war. Sie harmonierte mit dem milden Klima an der Küste, den satten Düften von Vegetation und feuchtem Sand, dem Geruch nach überreifen Mangos, Kokosmilch und Jasminblüten, nach *korosho*-Nüssen, die man abends röstete, nach sonnengedörrtem Fisch, Gewürzen und schwülem Monsun. Ben gehörte einfach zu Kilifi, und wenn wir ihn sahen, wußten wir, daß wir angekommen waren.

Wie alle Afrikaner besaß er die unheimliche Gabe, Bescheid zu wissen, ohne eigens informiert zu sein, und zum richtigen Zeitpunkt unerwartet aus dem Nichts aufzutauchen. Wenn wir in Kilifi aus dem Auto stiegen, verging keine Stunde, bis man Bens Stimme aus der Küche hörte, wo er in seinem eintönigen Küsten-Swahili mein Personal aus Nairobi begrüßte. Dann näherten sich die schleifenden Schritte seiner nackten Füße, und er stand da, die Hände zur Begrüßung ausgestreckt, rief laut unsere Namen und bat um eine Zigarette. Wir hatten ihn gern.
Häufig wurden seine Augen glasig, seine Bewegungen langsamer, verträumter. Dann baumelte ein Joint von seinen Lippen, und das Aroma, das er verströmte, verriet, daß Ben mal wieder *bhang* rauchte. Diese Angewohnheit, die, wie er behauptete, seine Augen schärfte, so daß er die Fische unter Wasser besser erkennen könne, wurde als Teil von ihm akzeptiert und trug ihm den Spitznamen »Banghy-Ben« ein.
Ben war von Natur aus ein hervorragender Fischer, mit einer angeborenen Leidenschaft für das Meer. Es gab für ihn nichts Schöneres als hinauszufahren, um Speerfische zu fangen. Wie kein anderer konnte er die Sardinenschwärme ausmachen, deren Standort der flatternde Flug fressender Seemöwen am schimmernden Horizont verriet. Den Sardinen folgten stets hungrige Bonito-Thunfische und diesen häufig Segler- oder Speerfische. Er kannte die Geheimnisse der Gezeiten und die Gewohnheiten der Fische, ganz so wie die Jäger im Hochland das Wild kannten, dessen Fährte sie aufnahmen.
Ben erinnerte mich immer an Luka, den unnachahmlichen *Tharaka*-Jäger, der Paolo bei zahllosen Abenteuern begleitet hatte. Luka konnte die Gedanken der Büffel lesen und sie im dichten Busch aufspüren, wenn er nur dem Ruf der

Madenhacker lauschte, wenn er nur, so mochte man meinen, die Luft durch seine großen Nasenlöcher einsog.
Ben und Luka besaßen die gleiche Selbstsicherheit, die aus der vollkommenen Beherrschung ihres Handwerks und aus der Vertrautheit mit ihrem Umfeld, dem Indischen Ozean und den Hochlandsavannen, erwuchs. Beide glaubten, jeder auf seine Weise, daß sie bei Paolos abenteuerlichen Fischfang- und Jagderlebnissen unentbehrlich seien, und vielleicht traf das ja auch zu.
Ben hatte die meisten von Paolos Abenteuern auf See miterlebt: die Geschichte mit dem riesigen Klippenbarsch und die mit dem schwarzen Speerfisch, den Paolo ohne Angelsitz und ohne Gurt fing, nachdem er stundenlang in einem auf den Wellen tanzenden Schlauchboot gestanden hatte. Damals gewann er seine erste Anglertrophäe.
Das Haus, das wir in Kilifi bewohnten, gehörte einem italienischen Freund, der auf einer Hazienda in Argentinien lebte und nur ein einziges Mal in zehn Jahren dorthin gekommen war, nämlich, als es gebaut wurde. Mit romanischer Großzügigkeit hatte er es uns zur unbegrenzten Benutzung überlassen, und wir betrachteten es als unser Zuhause an der Küste.
Der wilde Garten war eine Orgie aus Bougainvilleen und Nachtschatten, mit einigen Palmen und einem prachtvollen Affenbrotbaum, einem Riesen mit vollkommen harmonischen Proportionen, zu dem ich mich besonders hingezogen fühlte. Für mich hatte er, wie alle Bäume, eine Seele, und zwar eine Seele, die mir lag. Ich verbrachte dort viele Stunden am Tag, mit dem Rücken an den Baum gelehnt, meinen Gedanken nachhängend, Tagebuch schreibend und darauf wartend, daß Paolo und Emanuele vom Fischen zurückkehrten. Es war eine friedliche Zeit, in der ich so manche Eingebung hatte und einige flüchtige Verse

festhalten konnte, bevor sie mit dem Wind wieder davonflogen.
Wie Odysseus auf anderen Meeren und wie alle Seeleute zu allen Zeiten erlebten auch Paolo und Ema so manches Abenteuer, von dem sie erzählen konnten. Der riesige Barsch, den sie zusammen mit Lorenzo Ricciardi harpunierten; die Delphine, die miteinander auf dem Ozean tanzten; der Segelfisch, der sich mit dem Köder davonmachte; der *upupa*, der wie aus dem Nichts angeflogen war und sich auf Paolos Haar niedergelassen hatte.
Und dann passierte die Geschichte mit dem Hai von Vuma. An einem Januarmorgen war Paolo mit seinem Bruder und einem Freund hinausgefahren, um bei Vuma *Cole-Cole* zu fischen. Damals begeisterte er sich noch für die Jagd mit der Harpune. Ohne Sauerstoffflaschen, nur mit Taucherbrille und Schnorchel, tauchte er tief und sicher, und ich dachte immer, daß ihm die Lungen platzen müßten; aber nach einer Zeit, die mir wie eine Ewigkeit vorkam, stieg er wieder auf, kein bißchen außer Atem, einen Fisch auf der Harpune und einen kühnen, triumphierenden Ausdruck in seinem sonnengebräunten Gesicht.
Ben konnte an diesem Tag nicht mitfahren. Er war am frühen Morgen gekommen und hatte verkündet, daß seine reizende Swahili-Frau in der Nacht wieder einen Sohn zur Welt gebracht hatte. Für Muslime war das ein bedeutendes Ereignis, das mit vielen Zeremonien und Festlichkeiten begangen wurde. Da er nicht mitkommen konnte, empfahl er allen, zu Hause zu bleiben oder mich nach Mombasa zu begleiten, wo ich im Hafen einen Einkaufsbummel machen wollte.
Ben hatte es nicht gern, wenn er nicht mit Paolo zum Fischen hinausfahren konnte, und es war ihm wichtig, daß jeder seine Mißbilligung zur Kenntnis nahm, als ob ein

solches gewagtes Unternehmen nur in seinem Beisein möglich wäre und das Boot und seine Insassen ohne ihn von unbekannten Übeln heimgesucht würden.

Oft erzählte er von den launischen *djinns*, die mit den Meereswinden umherfliegen, um unter den Unvorsichtigen, Ungläubigen und Unwissenden böses Blut zu machen und ein Chaos auszulösen. Häufig erzählte er prahlerisch von Zwischenfällen, die, wie er meinte, allein dank seiner Anwesenheit glimpflich abgelaufen waren: Das Boot kenterte nicht, als man nacheinander drei Speerfische gefangen hatte; nur ihm und seinen Begleitern war es gelungen, im August genug Köder zu erwischen und den Gelbflossen-Thunfisch aufzuspüren, wo doch kein Fischer, der die Risiken kennt, um diese Zeit zu weit hinausfährt, um das Schicksal außerhalb der Korallenriffe herauszufordern. Denn der Monsun bläst dann mit solcher Kraft, daß bis auf die riesigen Tintenfische aus den Tiefen der Meere und die Hummer, die keine Seele haben, scheinbar alle Fische verschwunden sind.

Ungeachtet seiner düsteren Voraussagen zogen sie alle fröhlich von dannen, und er blieb stockstreif in der Tür stehen, kopfschüttelnd und vor sich hin murmelnd.

Ich war an diesem Tag nach Mombasa gefahren, um auf dem Basar *kangas* und Körbe zu kaufen. Als ich zurückkehrte, spürte ich, noch bevor ich aus dem Wagen stieg, daß irgend etwas passiert war. Niemand kam, um mich zu begrüßen. Kein Mensch war im Haus. Aus der leeren Küchentür blickte eine Katze gleichgültig zu mir herüber. Eine fremde Katze, die ich noch nie zuvor gesehen hatte.

Der Freund, dem die Kilifi-Plantage gehörte und der sämtliche Legenden kannte, die man sich an der Küste erzählte, hatte mir einmal gesagt, daß die Giriama niemals eine streunende Katze fortjagen, die bei ihnen an der Tür bettelt,

Haus und Garten in Kuti

Kuki und Sveva (Mark Bader)

Emanuele mit einer jungen Dickzungeneidechse

Tigger

Ol Ari Nyiro: Geparden am Nagiri-Stausee

Die Pokot-Frauen kommen nach Kuti

Ein Wiedekopf fliegt Paolo auf den Kopf

Ben, Paolo und der Hai von Vuma

Sveva und Meave in Ol Ari Nyiro Springs

Elefant, aus der Baumkrone beobachtet,
der sich unterhalb von Paolos Stausee befindet

Elefanten trinken aus einem Stausee (John Sacher)

Ekiru Mirimuk
bewacht die Berge (Lissa Ruben)

Kuki und ein Nashornbaby
(Jan Arthur Berthoud)

Der Turkanasee

weil sie glauben, daß es die zurückgekehrte Seele eines Toten ist. Mit diesem Gedanken im Kopf verließ ich das Haus und schaute von der Klippe hinunter.
Ich sah, daß sich unten am Strand eine kleine Menschenmenge versammelt hatte. Umgeben von Kindern, unseren Freunden, dem Personal und etlichen Vorübergehenden hockte Paolo neben dem größten Fisch, den ich je in meinem Leben gesehen hatte. Der weiße, nach oben gedrehte Bauch bot sich der Sonne dar und wurde von der häßlichen Linie eines Mauls durchbrochen, das mit seinen gebogenen Zähnen aussah wie eine Falle. Eine dreieckige Flosse ragte aus dem grauen Rücken hervor, und selbst in seiner wehrlosen Schlaffheit wirkte er noch gefährlich. Er war tot. Es war ein Hai.
Folgendes war geschehen.
Nachdem er den ganzen Morgen in den Tiefen von Vuma gefischt hatte, war Paolo wieder an die Oberfläche zurückgeschwommen. Seine Beute, einen verletzten *Cole-Cole*, der noch lebte und sich noch immer bewegte, hatte er am Gürtel festgebunden. Bevor Paolo auftauchte, hatte der warnende Instinkt, der dem Jäger das Leben rettet, ihn veranlaßt, nach unten zu blicken. Unter sich, in der tintigen Dunkelheit, sah er einen Fisch, der rasch näher kam und immer gewaltiger wurde, als ob er von einer unsichtbaren Lupe in Sekundenschnelle vergrößert würde.
Als er ein paar Meter von Paolo entfernt war, verharrte er, und ein Beben durchlief seinen Körper. Er sammelte sich, bevor er zum Angriff vorstieß. Das Maul glitt wie eine Maske zurück und legte zwei kreisförmige Reihen furchterregender Reißzähne frei; die kalten runden Augen starrten Paolo an. Es war ein Menschenhai, die angriffslustigste Haifischart, der bekanntlich schon viele Seeleute zum Opfer gefallen sind.

Es war zu spät, um aus dem Wasser zu steigen, zu spät, um den verletzten Fisch loszuwerden. In der blauen Tiefe allein mit dem Hai, hatte Paolo keine Zeit mehr zum Nachdenken. Er griff nach der geladenen Harpune zwischen seinen Knien und zielte genau auf den Kopf des Tieres. In dem Augenblick, als der Raubfisch angreifen wollte, schoß er.
Die Spitze der Harpune drang im rechten Winkel in den Kopf des Hais. Er verharrte, wand sich, und mit einem überwältigenden Gefühl der Erleichterung sah Paolo ihn sinken.
Der Hai versank wie ein Stein, wurde kleiner und kleiner, war nun in der Tiefe kaum noch sichtbar und zog Meter um Meter von der Leine und den Ballon mit sich hinab.
In Sicherheit und in Hochstimmung durch den Adrenalinstoß, kletterte Paolo an Bord, von wo aus seine Freunde voller Entsetzen zugesehen hatten. Mit größter Anstrengung zogen sie gemeinsam die gewaltige steife Bestie an Bord. Sie war fast so lang wie das Boot, zentnerschwer, das Maul noch immer zusammengezogen, die glasigen Augen ausdruckslos. Mit Gewalt öffneten sie das Maul, betrachteten die Fangzähne, befühlten sie und bestaunten lautstark ihre Größe. Sie banden den Körper mit mehreren Seilen an das Boot, um ihn ans Ufer zu ziehen und ihn uns zu zeigen. Dann ließen sie den Motor an. Wie Büffel und häufig auch Löwen haben Haie nicht nur ein Leben.
Bevor der Motor stotternd ansprang, durchlief ein langer Schauer den Körper des Hais; die Runzeln glätteten sich, als er versuchte, seine Fesseln zu lösen, und wie er da so im Wasser lag, begann er auf einmal mit gewaltiger Kraftanstrengung loszuschwimmen und das Dingi mit Paolo und seinen Freunden hinter sich herzuziehen.
An dieser Stelle machte Paolo eine Pause und blickte erwartungsvoll in die Runde.

Am mittäglichen Strand von Kilifi herrschte gerade Ebbe. Das Riff glitzerte am Horizont, die winzigen Wellen spülten sanft an die Küste, die Palmblätter säuselten im leichten Wind, und man hätte eine in den Sand fallende Kokosnuß hören können. Paolos Publikum lauschte atemlos.
Er fuhr in seiner Erzählung fort. In dem unsicheren Dingi, das haltlos übers Meer gezerrt wurde, brach, wie wir uns alle vorstellen konnten, ein heilloses Chaos aus. Endlich fanden sie mühsam ihre Fassung wieder; der Motor sprang an, kam in Schwung und zog das Boot in die entgegengesetzte Richtung. Der geschwächte Hai gab auf, und das Wasser drang in seine Kiemen. Während er rückwärts gezogen wurde, ertrank er. Sie brauchten Stunden, um mit ihrer schweren, noch nicht ganz toten Last und dem Schlauchboot über das sonnenbeschienene stürmische Meer zurückzufahren.
Die spannende Geschichte, die uns da so anschaulich erzählt wurde, klang wie ein Meeresepos, und Homer und die mythischen Sirenen verblaßten neben diesem authentischen Drama. Niemand konnte eine Geschichte besser erzählen als Paolo. Die Umstehenden und ich hingen wie hypnotisiert an seinen Lippen.
Schließlich wurde der Hai mühsam auf die Ladefläche des Lieferwagens geladen und im Triumphzug zum Mnarani Club gefahren. Die Fischwaage, die für Speer- und Segelfische gedacht war, erwies sich als zu klein. Also fuhren Paolo und seine Freunde mit einem Gefolge begeisterter Zuschauer zur Kilifi-Plantage, um den Hai dort wiegen zu lassen.
Er brachte es auf knapp 242 Kilo. Jemand machte mehrere Fotos, von denen eines im *East African Standard* erschien, mit der Überschrift:
»Mr. Paulo Gullman, ein Sportfischer aus dem Hochland, mit einem 242 Kilo schweren Menschenhai.«
»Ganz beachtlich«, kommentierte ein ordentliches Mitglied

des Clubs, auf seiner Pfeife kauend. »Ein Jammer, daß er ihn nicht mit der Angel gefangen hat. Das wäre vielleicht ein afrikanischer Rekord gewesen.«

Das Abenteuer war wochenlang das beherrschende Gesprächsthema in Kilifi.

Der einzige, der nicht beeindruckt zu sein schien, war Ben. »*Kama mimi alikua huko nikushika samaki, hio papa awessi kukarabia*«, murmelte er vor sich hin und warf seine Mütze in die Luft. (Wenn ich dabeigewesen wäre, hätte der Hai sich bestimmt nicht getraut anzugreifen.)

Niemand wollte das bestreiten, und vielleicht hatte er ja auch recht.

Langat 7

> Wenn wir also bauen, so laßt uns denken,
> wir bauten für die Ewigkeit.
> JOHN RUSKIN

Eine alte Frau – gebeugt, in Lumpen gehüllt – kam über die mittägliche Straße. Sie schlurfte mit langsamen Schritten auf nackten, knorrigen, staubbedeckten Füßen auf mich zu. Es herrschte eine trockene Hitze in Kuti; wieder einmal hatten wir keinen Regen gehabt.
Ich sah sie an: abgezehrtes Gesicht, ein ausgebleichtes Taschentuch um den grauen Kopf gebunden. Lange Ohrläppchen, praktisch keine Zähne mehr im Mund.
Doch vielleicht war sie gar nicht so alt. Sie begrüßte mich. Ich erwiderte ihren Gruß und wartete.
»Ich habe Hunger«, sagte sie in stockendem Swahili. »Ich komme von weit her.«
»Wer sind Sie?« Ich griff in meine Tasche. Eine schwache Erinnerung. An Augen, die einmal strahlten, an ein vergangenes Funkeln, an Stolz, an die Würde der mit einem guten Mann verheirateten Frau.
»Ich war Langats Frau.«
Die Erinnerungen kehrten wieder zurück wie laufende Kinder.
Als wir beschlossen, das Haus zu bauen, rief Paolo die *fundis*, und ich holte sie ab.
»Ich bin Arap Langat«, sagte er, und ich blickte in klare, graue, furchtlose, kluge Augen.
Langat war untersetzt und beinahe dick; er hatte kurzes

schlohweißes Haar, ein rundes Gesicht mit einer kleinen Nase, breiten Wangenknochen und ebenmäßigen Zähnen, deren Weiße weder vom Alter noch vom Kautabak getrübt war. Seine Ohrläppchen waren langgezogen – wie es bei den Nandi Brauch ist – und hingen ihm bis auf die Schultern. Was mir aber besonders auffiel – abgesehen von seinem unverwandten Blick, mit dem er mich direkt und durchdringend ansah, als wollte er mich abschätzen –, waren sein selbstbewußtes, würdevolles Auftreten und die Ruhe, die von ihm ausging. Später wurde mir klar, was ihm diese Ausstrahlung gab: Es war das Bewußtsein seines Könnens und seiner Vielseitigkeit bei der Arbeit, die er liebte und die ihn befriedigte.

Nguare und Lwokwolwognei waren seine Gehilfen. Nguare, ein Kikuyu mittleren Alters, war Spezialist für Holzarbeiten, ein ernsthafter, gemächlicher, ruhiger Mann mit schlurfendem Gang und meistens durch schlecht sitzende Kleidung behindert, so daß sein Name fehl am Platze war. Nguare ist nämlich die Swahili-Bezeichnung für das Frankolinhuhn, ein wieselflinkes kleines Tier, das stets in die Büsche am Straßenrand flitzt. Nguare hatte ein bläßliches braungelbes Gesicht, das in starkem Kontrast stand zu der tiefschwarzen Haut von Arap Langat und Lwokwolwognei. Er arbeitete überaus langsam und genau und hatte die Angewohnheit, immer die letzten Worte eines Satzes zu wiederholen.

Es ist nicht selten, daß die Züge von Afrikanern – sieht man von der Hautfarbe ab – eine verblüffende Ähnlichkeit mit europäischen Gesichtern aufweisen. Nguare war praktisch die schwarze Ausführung meines Freundes Alvise, den ich vor langer Zeit in Venetien verloren hatte, und sein lächelndes Gesicht erinnerte mich dauernd an diesen anderen, der in der Traumwirklichkeit meiner Erinnerung von den aufsteigenden Nebelschwaden der Lagune umgeben war.

Der Dritte im Bunde war Lwokwolwognei. Er war jünger und zu der Zeit noch so etwas wie ein Lehrling, schwindelerregend dünn, wie es nur die Turkana sind. Er hatte ein strahlendes, schmales Gesicht, in dem das eine ihm verbliebene Auge doppelt stark leuchtete, als wollte es das andere ersetzen, von dem wir nie erfuhren, wie er es verloren hatte. Das ständig geschlossene Lid über der leeren Augenhöhle verlieh ihm, im Profil gesehen, den melancholischen Blick eines Sekretärvogels. Lwokwolwognei verstand von allem ein wenig, von Maurer- bis zu Zimmermannsarbeiten, doch seine eigentliche Leidenschaft war die Holzschnitzerei, in der er ein Meister war und eine Phantasie und Kunstfertigkeit an den Tag legte, wie man sie nur selten erlebt. Er hatte eine intelligente, junge Frau namens Mary, die fleißig Ziegenhäute mit kunstvollen Mustern aus Perlen und Muscheln verzierte. Eines Tages jedoch starb sie bei der Geburt ihres Kindes, und seitdem sah man Lwokwolwognei nur noch selten lächeln.

Wir hatten gerade erst das riesige Grundstück im Hochland von Kenia, am Rande des Great Rift Valley, erworben, nachdem wir ein paar Jahre zuvor Italien verlassen hatten. Es war unsere erste Zeit in Laikipia, als wir praktisch alles noch lernen, uns alles noch aufbauen mußten. Wir versuchten, unseren Träumen konkrete Gestalt zu geben.

Zu den ersten Schritten gehörte der Bau unseres Hauses, und da Paolo sich bei dieser neuen Unternehmung um so viele andere Dinge kümmern mußte, war es hauptsächlich meine Aufgabe, zu bestimmen, was wir benötigten, und die Bauarbeiten zu beaufsichtigen.

Ich sah mich um und fand Dinge, die die Natur geschaffen und wie eine großzügige, sorglose Künstlerin ausgebreitet hatte, damit wir sie entdeckten und uns daran erfreuten. Am liebsten verwandte ich Materialien aus der freien Natur,

Steine aus dem Fluß und Felsblöcke aus den Bergen, Klötze der im Wald geschlagenen roten Zeder oder Stämme alter krummer Olivenbäume, welche die Sonne über Jahrzehnte gebleicht und starke Winde mit einzigartiger Kunstfertigkeit zu phantastischen Formen modelliert hatten.

Langat wußte, was in seinen Möglichkeiten lag, und er war fähig, meine ausgefallenen architektonischen Pläne in die Tat umzusetzen. Er entfaltete die in ihm schlummernde instinktive Phantasie seines Stammes und machte das Beste aus den starren europäischen Konzepten, die man ihm in seiner Lehrzeit eingetrichtert hatte. Künstlerische Intuition und erworbene Fertigkeiten bildeten die Grundlage seines unübertrefflichen Könnens.

Mit unfehlbarer Sicherheit fand er genau das, was ich brauchte. Und nachdem wir einige Male zusammen hinausgefahren waren, um nach ganz bestimmten Steinformen oder Bäumen mit einer besonderen Maserung zu suchen, und ich ihm gezeigt hatte, was meinen Vorstellungen am ehesten entsprach, wußte er diese neue europäische Extravaganz sofort richtig zu deuten: daß grobe Steine schöner sind als glatter Zement; daß ein alter, krummer *mutamayo*, der den Termiten entgangen oder ihnen zum Verzehr zu hart gewesen war, interessanter ist als fabrikmäßig zugeschnittene Holzbretter und daß ein mit Gras und Palmenblättern gedecktes Dach, das an den Wind und die Savanne erinnerte, größere Vorzüge hat als das glänzende Wellblech, das heute die afrikanischen Ebenen verunziert.

Wir fingen mit dem Bau des Haupthauses an der Stelle an, wo die Veranda und das Wohnzimmer liegen sollten. Wenn ein Problem auftauchte, setzten Langat und ich uns zusammen und überlegten gemeinsam, bis wir eine ästhetisch befriedigende Lösung fanden. So erörterten wir beispielsweise, ob bei einer Trennwand ein Stein hinzugefügt oder

entfernt werden, ob eine Wand niedriger oder höher sein sollte, ob es besser wäre, wenn das Dach steiler abfiele oder eine Tür den zu den Wänden passenden Holzrahmen bekäme, ob ein Regal anzufertigen sei, wie die Proportionen des nach venezianischer Tradition erhöhten, aber mit senkrechten Stützen aus Zedernholz versehenen Kamins sein müßten, und welche Form die in den Boden eingelassene Badewanne haben sollte... Arap Langat und ich hatten beide die gleiche Freude daran, etwas Schönes zu schaffen. Wir gingen in den Wald von Enghelesha und suchten nach einem abgestorbenen Baum, aus dem man einen Pfahl machen könnte, nach Olivenbaumholz für unseren Eßtisch und einem riesigen flachen Stein, der als Sitzbank dienen sollte.
Als das Haus schließlich fertig war und das *makuti*-Dach gedeckt, das Messing poliert und die Möbel eingeräumt waren, als die alten äthiopischen Teppiche auf den roten Fliesen lagen und die Kupfertöpfe voller Blumen standen, hatte ich das Gefühl, wirklich etwas geleistet zu haben... Doch schon bald merkte ich, daß irgend etwas nicht stimmte; ein beunruhigendes, undeutliches, krabbelndes Geräusch drang aus dem Palmendach, und ich traute mich nicht, es beim Namen zu nennen.
Aber Langat tat es.
»Memsaab«, sagte er eines Tages ernst zu mir und zeigte dabei mit seinem kurzen, dicklichen Finger auf das Dach. *»Iko nyoka kwa rufu.«* (Im Dach sind Würmer.)
Ich sah ihn flehentlich an. Er fuhr fort.
»Wewe hapana sikia sawti? Aua nakula pole-pole.« (Hören Sie das Geräusch nicht? Sie fressen ganz, ganz langsam.)
In der Stille schien mir, als hörte ich – oder war es das Rascheln des Hibiskus im Wind? – das Kaugeräusch von Millionen winziger Mäuler, die sich an den Blättern auf dem

Dach gütlich taten. Ich faßte die *poriti*-Pfosten des Holzrahmens an, die aus Mangrovenbäumen aus Lamu geschnitten waren, rüttelte daran, und ein unendlich feines Pulver rieselte herab, das beunruhigenderweise aus unzähligen runden Kügelchen verdauter Dachabdeckung bestand. Die Vorstellung war beängstigend, und ich mußte Paolo davon erzählen.

Wenn Paolo wollte, konnte er sich völlig taub stellen. Das Eingeständnis, daß unser Dach von Würmern befallen sei, hätte ja auch bedeutet, daß lästige, aufwendige und vor allem sofortige Maßnahmen notwendig würden, um sie zu entfernen.

»Nein, das glaube ich nicht«, sagte er mit aufgesetztem Gleichmut, der mich nicht täuschen konnte. Auch er hatte aufmerksam gehorcht. Er rüttelte halbherzig an einem Balken, und das Pulver rieselte herab, aber eben kein hundertprozentiger Nachweis von Würmern.

»Staub. Ich glaube, das ist bloß Staub von den welken Blättern.« Wir wußten beide, daß das nicht alles war, und Langat schüttelte wissend den Kopf. Doch fürs erste beließen wir es dabei.

Doch wenn wir am Kamin saßen und auf das gemütliche Knistern des Feuers die Stille der Glut folgte, meinten wir in den Gesprächspausen das alarmierende Geräusch von zahllosen Tierchen zu hören, die allmählich mein Haus verspeisten. Es dauerte nicht lange, und wir mußten den Tatsachen ins Auge sehen.

»Was ist denn das?« fragte Jasper Evans, der eines Nachmittags auf einen Drink zu Besuch gekommen war, in aller Gemütsruhe und spähte amüsiert in seinen Bierkrug. Wir sahen hinein. Ein fetter blasser Wurm ringelte sich darin.

Als meiner Mutter noch an demselben Abend ein Wurm in die Suppe fiel, mußte Paolo zugeben, daß unser Dach wohl

doch von Würmern befallen war, und er beschloß, es einzusprühen. -
Und so saß er eines Tages auf einem eigens aus Enghelesha herbeigekarrten gelben Traktor, wie ein anachronistischer Ritter aus alter Zeit auf einem phantastischen *destriero*, hantierte geschickt mit dem Gartenschlauch und richtete, unterstützt von Langat und den übrigen *fundis*, den kräftigen Strahl des Insektenvernichtungsmittels auf das Dach. Die Möbel hatten wir alle nach draußen gebracht, so daß das Haus wieder einmal leer stand.
Die Prozedur nahm ein paar Tage in Anspruch, doch der Gestank hielt sich wochenlang. Am Abend aßen wir in unserem Schlafzimmer und tagsüber unter der großen Fieberakazie auf dem Rasen. Das Dach hatte für immer seine ursprüngliche ordentliche Form verloren, und die Kinder lachten bei seinem Anblick und verglichen es mit einem ungepflegten, windzerzausten Haarschopf.
Die Jahre vergingen, und als das Schicksal zuschlug, gehörte Langat beide Male zu der Gruppe Männer, die in den Busch gingen, um einen Grabstein zu holen. Wie seltsam es doch war, gefaßt dabeizustehen, allein, und zu beobachten, wie die Rancharbeiter – waren es zwanzig? dreißig? – versuchten, die Felsblöcke von der Stelle zu bewegen, wo sie seit Urzeiten gelegen hatten – unter Tausenden gerade diese zwei, die dazu auserkoren waren, den dürren Busch zu verlassen, um für immer die Stelle zu kennzeichnen, wo meine Männer in einem grünenden, blühenden Garten ruhten.
Langat beaufsichtigte die Arbeiten, eine kleine, aufrechte Gestalt mit weißem rundem Kopf und langen, hin und her pendelnden Ohrläppchen.
Seit damals hatte er es sich zur Gewohnheit gemacht, jedesmal wenn wir uns sahen, meine Hand zu ergreifen und sie,

ohne sie zu schütteln, einfach nur festzuhalten. Seine schiefergrauen, glänzenden Augen lächelten nicht dabei; aber es gelang ihm, seine ganze Sympathie für mich aus ihnen sprechen zu lassen und mir wohlzutun, so daß sie wie dunkle freundliche Teiche schienen, die mein eigenes Lächeln spiegelten.
Langat besaß Würde und Haltung, das stille Wissen um den eigenen Wert. Er wirkte alt und weise. Und zu unserer großen Überraschung erfuhren wir eines Tages, daß er sich eine neue Frau genommen hatte – ein dickes Mädchen mit kleinen, seltsamen, schrägstehenden Augen, fast asiatisch und so jung, daß sie seine Enkelin hätte sein können. Sie stand meistens den lieben langen Tag bei den Bürogebäuden im Zentrum herum, plauderte mit den anderen Frauen, strickte komplizierte Muster in leuchtenden Farben und war unverkennbar schwanger. Und Langat stolzierte selbstzufrieden umher. Seine erste Frau ging, wie es Sitte ist, zurück nach Nandi, um sich um seine *shamba* zu kümmern.
In den letzten Jahren beschloß ich, die erste Hütte am Mukatan umzubauen, da sie inzwischen vom Wetter und von Termiten stark beschädigt war. Dort sollte ein Ort entstehen, an den ich mich jederzeit zurückziehen konnte, um meine innere Stimme wiederzufinden.
Langat widmete sich dieser Aufgabe mit Leib und Seele: ein einsames Haus, ohne Türen und Fenster, offen für Wind, Sonne und Mond, auf einer Klippe stehend, eingefügt in die Konturen der Landschaft, mit Aussicht auf die Berge und die grüne Steppe, die bald schwarz von Büffeln sein würde. Der Blick ging hinunter auf den Fluß, der gern von Hammerköpfen und flaumigen, langhalsigen Störchen aufgesucht wird. Hier konnte ich den Fröschen und riesigen Kröten und den Abermillionen von Heuschrecken lauschen.

Wir bauten eine in den Boden eingelassene Wanne, von der aus ich auf die Berge sehen konnte, ein Bett aus Felsgestein, mit Muscheln verziert, und vier Pfählen aus alten abgestorbenen Bäumen, die aus dem Stein emporragten, und ein Dach, auf dem sich die Wanderschwalben ausruhen konnten.
Eines Tages, als die Hütte fast fertig war, erkrankte Langat. Man vermutete Malaria, und er ging ins Krankenhaus in Ol Kalau. Bevor er sich verabschiedete, sollten wir ein Foto von ihm, Lwokwolwognei und mir machen, und zwar auf dem abgesteckten Platz, wo das Steinbett entstehen sollte. Ein paar Tage danach flog ich mitten in der Woche zusammen mit einem italienischen Freund, der für einen Tag zu Besuch gekommen war, von Nairobi nach Laikipia. Wir machten an der Baustelle halt, um zu sehen, wie die Arbeiten vorangingen. Keiner der Arbeiter sprach, als wir aus dem Wagen stiegen. Sie hoben den Kopf und senkten ihn gleich wieder, ohne ein Wort.
Lwokwolwognei war dabei, mit langsamen, apathischen Bewegungen einen Steinsitz zu verputzen. Er sah auf und blickte mich schmerzerfüllt an wie eine verwundete Antilope. Ich begriff entsetzt, daß etwas Trauriges, etwas furchtbar Trauriges geschehen sein mußte. Ich legte ihm fest meine Hand auf die Schulter, so daß er seinen langen dünnen Hals drehte und mit seinem gesunden Auge zu mir aufsah. Die leere Höhle des anderen Auges klaffte mitleiderregend, als wäre er verzweifelt oder wütend über irgendeine böse und unverständliche Missetat Gottes:
»*Kitu gani? Kitu gani naharibu roho yako?*« (Was ist passiert, daß du so traurig bist?) fragte ich leise.
Sie hatten alle aufgehört zu arbeiten und warteten in dem gequälten Schweigen, an das man sich mit der Zeit gewöhnt, wenn man in Afrika lebt. Erst dann fiel mir auf, daß etwas

fehlte. Langat war nicht zurückgekommen, und noch ehe Lwokwolwognei sprach, kannte ich seine Antwort.

Langats Malaria war ein leichter Schlaganfall gewesen, auf den ein tödlicher gefolgt war. Ich würde Langat niemals wiedersehen.

»Langat alikufa. Saa yake alipiga« (Langat ist tot. Seine Stunde hat geschlagen), sagte er schlicht und machte sich wieder an die Arbeit.

Ich spürte den vertrauten Druck auf der Brust: Wut, Verlustgefühl. Wieder war eine Verbindung zu meiner Vergangenheit für immer abgerissen. Wieder war ein Freund von mir gegangen. Seine klugen, funkelnden Augen, seine langen Ohrläppchen, sein Gesicht, als Ema starb. Doch das, was er aufgebaut hat, wird es geben, solange es Berge gibt.

»Ni shauri ya Mungu.« Es ist der Wille Gottes – die Erklärung der Afrikaner für das Unerklärliche und Unvermeidliche –, murmelte ich, klein und verletzlich im Angesicht der Unendlichkeit, und auch ich spürte ein weiteres Mal, wie weise und tröstlich dieser Glaube ist.

»Ni shauri ya Mungu«, wiederholte Lwokwolwognei.

Sie alle nickten, traurig und gefaßt. So nimmt man in Afrika Schicksalsschläge hin.

Ich schüttelte allen schweigend die Hand. Ich fuhr ab. Mein italienischer Freund hatte von alldem nichts verstanden.

Die Geschichte von Nungu Nungu

8

Für Gilfried

Sie hinterließen eine Menge merkwürdiger
kleiner Fußspuren auf dem ganzen Beet,
besonders der kleine Benjamin ...
BEATRICE POTTER

Kurz nachdem wir uns in Laikipia niedergelassen hatten, beschloß ich, auf dem dichtbewachsenen Gelände hinter dem Haus einen Gemüse- und Obstgarten anzulegen. Da die Küche nicht weit entfernt lag, bot sie einen gewissen Schutz vor den verschiedenen Schädlingen, die versuchen würden, uns den Ertrag streitig zu machen.
Die Elefanten hatten eine Vorliebe für Bananen und Orangen, die Gazellen für Kopfsalat, Spinat und Brokkoli, und die Maulwürfe für Fenchel, Kartoffeln, Möhren und sämtliche Knollengewächse.
Eine Unzahl kleiner Parasiten fraß so ziemlich alles, und die Vögel machten sich über den Rest her; Gott sei Dank, auch über Insekten.
Um die Vögel abzuschrecken, konstruierten wir ein raffiniertes – wenngleich einfaches und ziemlich verworrenes – lärmendes Gebilde aus Blechbüchsen, die auf Pfählen schepperten, schwingenden Schnüren, leichten Netzen und langen, im Winde flatternden Plastikstreifen. Es wurde aufgestellt, getestet und immer wieder verworfen. Bewacht wurde das Gebilde von einer beeindruckenden *spaventapasseri*, einer Vogelscheuche, die ein altes Jackett von Paolo und

einen ausrangierten Strohhut meiner Mutter trug. Wie es sich für eine Hexe gehört, dirigierte sie dieses disharmonische Orchester mit einem alten Besenstiel.

Rund um die Gemüsebeete pflanzten wir Kapuzinerkresse und Tagetes, die mit ihrem Duft die Fluginsekten ablenken sollten, und zur Abwehr der Käfer streuten wir um die Tomaten und Gurken Asche aus dem Kamin und um die Erdbeeren Heu. Schließlich umzäunten wir das Gelände mit Maschendraht, der einen guten Schutz vor Dik-Diks bot.

Nachts hielt der Tharaka-*Askari* Wache, ausgerüstet mit einer primitiven Schleuder – ein uraltes Modell –, die ihre Treffsicherheit im Laufe der Zeit immer wieder unter Beweis stellte. Sie war, so vermutete ich, mit der Schleuder identisch, mit der David Goliath getötet hat. Wie sein biblischer Vorläufer, der sich dem mythologischen Riesen entgegengestellt hatte, schleuderte Sabino, in der Dunkelheit umherschleichend, mutig Steine auf die Rücken der Elefanten, die sich dem Guavenbaum näherten. Empörtes Trompeten, das die Nacht durchdrang, bedeutete, daß er sein Ziel getroffen hatte; es wurde zu einer typischen Begleitmusik unseres Abendessens und setzte unsere europäischen Gäste immer wieder in Erstaunen.

Den Elefanten schien es nichts auszumachen.

Eines Nachts war der Lärm besonders stark, und wir liefen hinaus, um nachzusehen: Ein junger Elefant aus einer Gruppe von fünfzig Tieren, die in letzter Zeit meine Bananen heimgesucht hatten, war gestrauchelt und in den Faulbehälter gefallen. Seine Kameraden waren gerade dabei, ihn hinauszuschieben. Wie immer bei solchen Zwischenfällen hatte niemand einen Fotoapparat zur Hand. Am nächsten Tag bestellten wir einen Elektrozaun.

Schließlich ließ ich einen Maschendrahtkäfig aufstellen, um die frechsten Mausvögel fernzuhalten, und mein Gemüse-

garten wurde praktisch zu einer uneinnehmbaren Festung. Jedoch ...
»*Muivi alikuja kukula mboga.*« (Ein Dieb hat den Kohl gefressen.) Mit diesen Worten hielt mir der Gärtner Seronera eines Morgens bekümmert ein angefressenes Kohlblatt hin. Der Anbau von Kohl war sehr zeitaufwendig.
»*Alishimba shimu chini ya boma*« (Er hat sich unter dem Zaun einen Tunnel gegraben), erklärte er. Daran hatten wir nicht gedacht.
Er schüttelte in vielsagender Bewunderung den Kopf: »*Kumbe! Hio kitu iko na akili!*« (Alle Achtung! Der Bursche ist ganz schön schlau.)
Er holte einen langen, beige-braun gestreiften Stachel hervor und erklärte: »*Ni nungu nungu: yeye napenda mboga saidi.*« (Es war ein Stachelschwein; die sind ganz wild auf Kohl.)
Ich ging hinaus und sah mir die Bescherung an.
Und tatsächlich – in der liebevoll gedüngten und gewässerten Erde zeichneten sich kleine Abdrücke ab, die wie die Hände eines Kleinkindes aussahen. Ein großes Loch war unter dem Draht gegraben worden, und die Spuren führten zielsicher zu den Kohlbeeten und wieder zurück. Dort hatte sich der Dieb reichlich bedient. Im weichen Erdreich steckte ein weiterer Stachel wie ein Erkennungszeichen. Es war zweifellos ein Stachelschwein gewesen.
Der Draht wurde repariert.
Wenige Tage später kam Nungu Nungu erneut. Wieder waren ein paar Kohlköpfe weggeputzt worden. Die Kinderspuren sprachen eine deutliche Sprache. Diesmal gruben wir den Draht tiefer in den Boden ein. Es schien nichts zu nützen. Nach einigen Wochen und weiteren geraubten Kohlköpfen beschloß ich, eine Falle aufzustellen, um den Dieb zu fangen.
Wir besaßen bereits eine. Nguare und Lwokwolwognei hat-

ten sie gebaut, um einen Leoparden zu fangen, der Schafe getötet hatte und den wir dann im Samburu-Park freiließen. Dem Leoparden hatte seine Gefangenschaft überhaupt nicht gefallen, und er hatte wütend unter der Leinwand gefaucht und geknurrt, mit der wir den Käfig bedeckt hatten, um ihn vor dem Licht und dem beunruhigenden Anblick von Menschen zu schützen. Sein dunkles Brüllen war aus den tiefsten Tiefen gekommen. Für mich hatte es wie die Stimme Afrikas und der ganzen unbekannten, ungezähmten Welt um mich herum geklungen.
Der solide Käfig bestand aus dicken Balken. Er war mit strapazierfähigem Draht bespannt und mit einer Falltür versehen, die geschickt mit dem Köder verbunden war. Wenn der Dieb kam, um davon zu fressen, fiel sie mit einem lauten Knall herab und schloß ihn ein. Sie schien mir hervorragend geeignet für ein Stachelschwein.
Im Falle des Leoparden hatten wir als Köder einen halbverwesten Schafskadaver ausgelegt. Diesmal war es ein Kohlkopf.
Wir stellten die Falle mit großer Sorgfalt auf und achteten darauf, keine menschlichen Duftspuren zu hinterlassen, die dem argwöhnischen Verstand eines Nungu Nungu unseren listigen Plan verraten hätten. Der überaus verlockende frische Kohlkopf wurde in der Mitte plaziert. Nungu Nungu konnte nicht widerstehen.
Am nächsten Morgen war er da.
Er war groß, hatte braune, feuchte Augen und lange Stacheln, die aufgerichtet nach allen Seiten starrten, während die hohlen Stacheln am Schwanz bei unserer Ankunft ein seltsames trockenes Geräusch erzeugten, wie rasendes Kastagnettengeklapper.
Nungu Nungu marschierte in seinem Gefängnis auf und ab, wobei er seinen stacheligen Schwanz mit der Würde eines

empörten großen Indianerhäuptlings hinter sich herzog. Je näher wir kamen, desto lauter und beängstigender schien das Geräusch zu werden. Alles in allem jedoch wirkte Nungu Nungu angesichts dieser doch beunruhigenden Erfahrung erstaunlich ruhig.
Und er hatte den Kohlkopf gefressen.
Wir hievten den Käfig mit einiger Mühe auf meinen kleinen Lastwagen und fuhren davon. Nach vielen Meilen hielt ich in einem buschbestandenen Gebiet an. Mit Hilfe von Luka, von Emanuele, der unablässig grinsen mußte, und sämtlicher Gärtner setzte ich den Käfig vorsichtig im Schatten einiger schützender Büsche ab. Ich öffnete die Tür und entfernte mich ein gutes Stück.
Nach einer Weile spähte ein kleines Gesicht ins Freie, und wir sahen Nungu Nungu im Zickzack durch das niedrige Unterholz davonflitzen.
Wenige Nächte nach diesem Ereignis ging es den Kohlköpfen wieder an den Kragen. Wir stellten die Falle auf. Und am nächsten Morgen war erneut ein Stachelschwein darin gefangen.
Wie konnte man Stachelschweine voneinander unterscheiden? Seronera meinte, es könnte das zu ihm gehörige Weibchen sein; vielleicht handelte es sich um eine ganze Familie?
Colin war dagegen der Ansicht, daß wohl dasselbe Stachelschwein zurückgekommen sei. Man weiß, daß Leoparden, wie manche Hauskatzen, Hunderte von Kilometern zu ihrem Territorium zurücklaufen. Es schien unmöglich. Doch wer konnte schon sagen, welcher Instinkt dem Tier den Weg nach Hause gewiesen hatte.
Ich ließ ihn diesmal mit einem Wagen noch weiter wegbringen, ein ganzes Stück jenseits der Grenze von Ol Morani, auf einen großen, grasbestandenen *mbogani* mit vereinzel-

ten niedrigen Wachsbaumbüschen. Selbst für ein willensstarkes Nungu Nungu war das ein langer Weg.
»Kwisha rudi« (Er ist wieder da), verkündete Seronera einige Zeit später.
War er es wirklich? Kaum zu glauben.
Voller Neugier und fest entschlossen, das Rätsel zu lösen, nahm ich eine Farbdose und besprühte die klirrenden Stacheln durch das Drahtgitter mit einem leuchtenden Grün. Mit den gewohnten kichernden Zuschauern hinten auf der Ladefläche fuhr ich den Käfig diesmal an die Pokot-Grenze. Bei Sonnenuntergang, wenn die Schatten lang sind, Schwärme von Perlhühnern sich zum Schlafen auf den höchsten Ästen der Akazien niederlassen, Mauersegler im Tiefflug hin und her jagen und den Himmel mit ihren Schreien erfüllen und Baumfrösche mit dem Klang heller Glöckchen erwachen, ließen wir Nungu Nungu jenseits der Grenze frei.
»Kwisha rudi tena«, murmelte Seronera ehrfürchtig eine Woche später. Er hielt einen langen Stachel in der Hand, der zum Teil mit leuchtendgrüner Farbe bedeckt war. Ich konnte mich nicht halten vor Lachen. Uns allen ging es so. Eine so dauerhafte, hartnäckige Gefräßigkeit verlangte Respekt.
Eigentlich hatte ich Kohl ja nie sonderlich gemocht. Wir versuchten es statt dessen mit Artischocken.

Buschbabys 9

> Und auch die Elfen,
> mit leuchtenden Äuglein
> wie Feuerfunken,
> sind dir gut.
> ROBERT HERRICK

In Afrika sind die Nächte niemals still. Wenn man aufmerksam lauscht, dringt einem aus dem Gras, von den Hügeln, den Dünen und Seen und aus den Bäumen ein ganzes Orchester mannigfaltiger Klänge und verborgener Stimmen ans Ohr. Und hält man nach den unsichtbaren Wesen, die so die Nacht beleben, Ausschau, kann man häufig für einen flüchtigen Moment Augen in der Finsternis aufleuchten sehen. Wenn sie hoch über den Baumwipfeln wie ausgelassene Elfen zu tanzen scheinen, schneller, als man mit den Augen folgen kann, und wenn ihre Stimme wie das Wimmern eines im Wald verirrten Kindes klingt, dann sind es Buschbabys. Sie gehören zur Familie der Halbaffen und Affen, sind nachtaktiv, leben auf Bäumen und ernähren sich von Insekten und Früchten.

Das erste Buschbaby, das ich kennenlernte, war Koba. Im Dunkel des Lagerraums waren nur die Augen zu sehen: leuchtend und rund und irgendwie unheimlich. Als ich eintrat, fiel die Sonne durch die offene Tür in den Raum, und durch das helle, blendende Licht zogen sich die Pupillen in den runden, riesigen Augen zusammen, und die Iris starrte matt und trübe aus dem winzigen Gesicht.

Das Tierchen klammerte sich an die Schulter des Mannes,

der es verkaufen wollte. Um den dünnen Bauch hatte es eine Schnur aus geflochtenen Palmenblättern. Diese betonte den Unterschied zwischen dem schlanken Oberkörper mit den schwachen Ärmchen und dem Unterkörper mit den kräftigen, muskulösen, zum Sprung bereiten Beinen. Es sah aus wie ein kleines Känguruh mit dem Schwanz eines Eichhörnchens.

Ich hatte noch nie ein Buschbaby aus so großer Nähe gesehen. An der Küste erfüllen sie die Nächte mit ihren heiseren Schreien, während sie auf den Affenbrotbäumen von Ast zu Ast springen. Doch tagsüber sind sie unsichtbar, und erst nach Sonnenuntergang kann man, wenn man viel Geduld aufbringt, ihre geschmeidigen Körper zwischen den Blättern erkennen.

Sie waren leicht zu fangen.

Die Eingeborenen hängten an den Ästen des Affenbrotbaumes Schüsseln mit einem starken süßen Gebräu aus Kokosnuß und Honig auf, dessen berauschendem Aroma die Buschbabys nicht widerstehen konnten. In der grünen Morgendämmerung des nächsten Tages fanden sie sie dann sturzbetrunken, ihren Rausch ausschlafend, verstreut am Fuße der majestätischen Bäume wie die Motten, die sie nicht hatten fressen können. Die Dorfbewohner sammelten sie mühelos ein, banden sie mit einem Stück Palmschnur fest und versuchten, sie in den Buchten an den Anlegestellen der Fähren an durchreisende Touristen zu verkaufen.

Dieses Buschbaby war zufällig gefangen worden, denn es war noch ein Säugling und klammerte sich an den Rücken seiner verschlafenen Mutter, als man diese fing. Die Mutter hatte jedoch irgendwie entkommen können, und der Mann, der im Hotel in Diani den Swimmingpool wartete, hatte das Junge mit zur Arbeit genommen und brachte es tagsüber im Lagerraum des Pools zwischen Badetüchern,

Liegestühlen und Schwimmflossen unter. Dort hatte Emanuele es entdeckt, und er war so bestürzt gewesen, daß er mich anflehte, es zu kaufen und freizulassen.
Jetzt wartete es zitternd, unsicher und zerbrechlich wie ein Vogel, der noch nicht fliegen kann. Es sah merkwürdig, irgendwie fremdartig aus.
Ich überwand meinen instinktiven, unerklärlichen Widerwillen und streckte die Arme nach ihm aus. Seine kleinen schwarzen Hände waren feucht und klebrig und in der prallen Sonne ganz kalt, mit runzligen Knöcheln und den spachtelförmigen Fingernägeln eines alten Kindes. Es sprang mir auf die Schulter, umfaßte meinen Hals, und an meinen Haaren spürte ich den Pulsschlag seines kleinen verängstigten Lebens, das beschützt werden wollte. Ich war gerührt, und für ein paar Schillinge gehörte es uns.
Wir nannten es Koba, eine Verkürzung des Swahili-Namens Komba, und Emanuele und meine noch kleinen Stieftöchter waren außer sich vor Glück, es zu besitzen.
Ich machte jedoch zur Bedingung, daß wir es nach einer Weile freilassen würden. Wir machten einen Versuch. Wir hatten gehört, daß seine Mutter ganz zu Anfang viele Male gekommen war; sie hatte in der Stille der sternklaren Nächte herzzerreißende, gellende Schreie ausgestoßen und war von den Palmen hinunter in die blühenden Sträucher gesprungen, die um das Gefängnis ihres Kindes herum wuchsen.
Emanuele setzte Koba bei Einbruch der Dunkelheit auf einen Ast und wartete an mehreren Abenden hintereinander auf die Rückkehr der Mutter: Doch sie kam nie wieder, und auch Koba wagte sich nicht allein hinaus in die Freiheit. Schließlich beschlossen wir, das Buschbaby zu behalten.
Als die Ferien zu Ende gingen, mußten wir die Küste verlas-

sen und nach Hause – nördlich von Nairobi – zurückkehren. Aber auch da gab es Buschbabys, und wir hofften, es eines Tages freilassen zu können.

Koba war ein entzückendes Haustier. Er schlief zu einer Kugel zusammengerollt in irgendeiner verborgenen Nische des Hauses, auf Bücherregalen und über Fenstern, und wenn er aufwachte, bekam er Obst und Insekten zu fressen, die die Kinder unaufhörlich fingen. Häufig kam er zu uns, um sich einen besonderen Leckerbissen abzuholen oder ein Schlückchen süßen, warmen Tee, den er liebte. Dann hielt er den Kopf leicht schräg, als ob er wartete, die runden samtenen Augen weit aufgerissen, aufmerksam und eigenartig reglos. Er nahm unsere Gaben mit zarten Fingern entgegen und aß sie gemächlich, wobei er sie wie Kekse mit beiden Händen festhielt.

Er hatte etwas Beunruhigendes an sich, und jedesmal, wenn ich in seine Augen sah, verspürte ich ein gewisses Unbehagen, als würde er mich an eine verlorene Identität erinnern, die im Unbewußten schlummert wie das verblichene Bild eines prähistorischen Vorfahren.

Abgesehen von der unangenehmen Angewohnheit, auf seine Hände zu urinieren und eine feuchte Duftspur zu hinterlassen, die stark nach Lakritze und überreifen Papayas roch, war Koba ruhig und sanft. Doch unseren Hunden behagte seine Anwesenheit keineswegs. Sie spitzten die Ohren und knurrten ihn warnend an – oder waren sie eifersüchtig, weil wir ihm soviel Aufmerksamkeit schenkten? –, wenn sie sahen, daß er sich irgendwo im Haus an einen Vorhang klammerte oder auf einem hohen Regal kauerte. Uns wurde klar, daß wir ihn nicht allein zu Hause lassen konnten. Und schließlich mußten wir, so leid es mir auch tat, einen großen Käfig für ihn bauen, der soviel Platz bot, daß wir darin belaubte Äste und Zweige anbringen konnten, damit er, auch wenn wir nicht da waren, sicher herumspringen und klettern konnte.

Eines Tages stellte ich bei meiner Rückkehr fest, daß die Käfigtür offenstand. Das Laub lag verstreut herum, und Koba war nicht mehr da.

An diesem Abend und noch viele Abende danach riefen die Kinder nach ihm. Emanuele legte reife Mangos, Passionsfrüchte, dicke Glühwürmchen und Grashüpfer auf Astgabeln, um ihn anzulocken. Doch Koba kehrte nie wieder zurück. Zum Trost erzählte ich Emanuele, daß Koba jetzt wahrscheinlich glücklich sei und einen Freund gefunden habe, doch ich wußte, daß er unmöglich allein überleben konnte.

Es war etwa eine Woche danach am späten Nachmittag; es hatte geregnet. Blätter bedeckten das Gras unter den Waldbäumen in meinem Garten in Gigiri, Termiten auf ihrem Hochzeitsflug ließen ihr sonores fröhliches Summen erklingen, und ich atmete tief die feuchte Luft ein, die nach fruchtbarem Boden, Humus und wachsenden neuen Trieben roch, während ich mit einer Freundin, die zum Tee gekommen war, einen Spaziergang durch den Garten machte.

Es sah aus wie ein ausrangiertes Plüschtier, ein Spielzeug aus verflossenen Kindertagen, vergessen im Regen, ein in einem venezianischen Kanal ertrunkenes Kätzchen, nasses Haar, das mitleiderregend an einem armseligen, winzig kleinen Körper klebte. Koba lag neben dem Baum, auf den er hatte klettern wollen. Meine Freundin schnappte erschreckt nach Luft. Der Schwanz sah aus, als bestünde er aus feuchten Federn, doch was mich noch nächtelang verfolgte, waren seine Augen: offen und glasig und ganz weiß, ohne Pupillen, wie Spiegel, die blind geworden waren und nicht mehr reflektierten.

Wir begruben ihn schnell hinter den Unterkünften des Personals, damit Emanuele nichts davon merkte.
Von Zeit zu Zeit riefen die Kinder noch abends nach ihm, und manchmal meinten sie, ihn gesehen zu haben: er sei wie ein Elf in den Baumwipfeln umhergesprungen. Ich wagte nicht, ihnen zu sagen, was wirklich geschehen war.
Wir vermißten ihn alle. Noch lange erinnerten wir uns an den Geruch nach Lakritze und überreifen Früchten, und wir empfanden eine Traurigkeit, als wären wir schuld. Eine Zeitlang brachte ich es nicht über mich, meine großen Hunde zu streicheln, obwohl ich wußte, daß sie eigentlich keine Schuld traf.

Jahre später in Laikipia landete eines Nachmittags ein Flugzeug bei Kuti, und ein paar Freunde schlenderten auf das Haus zu. Irgend etwas schien sich unter der Jacke des Mädchens zu bewegen; runde Augen blickten mich unverwandt aus den Falten heraus an und weckten Erinnerungen in mir.
»Es ist ein junges Buschbaby«, sagte Davina, »nimm du es doch bitte. Die anderen haben es verstoßen und es bei einem Kampf verletzt.«
Davinas Mutter hatte eine Familie von halbzahmen Buschbabys, die in ihrem Haus in Karen und in der nächsten Umgebung lebten.
»Es ist noch zu jung, weißt du. Sie verteidigen ihr Revier. Sie werden es töten.« Sie blickte auf mein hohes *makuti*-Dach: »Da oben wird es sich wohl fühlen; bitte nimm es.«
Ich sah meine vielen Hunde an; das Bild von Kobas weißen Augen ließ mich einen Moment lang schaudern. Das Buschbaby ergriff meine Hand mit winzigen, klebrigen Fingern.
»Warum nicht? Vorausgesetzt, du bist einverstanden, daß ich es niemals in einen Käfig sperre.« Mich fröstelte bei dem

Gedanken. »Buschbabys sollten frei sein, damit sie jederzeit fliehen können. Es kann ja sein, daß es einen Freund findet.«
Ich wußte, daß es in Laikipia Buschbabys gab, insbesondere im Enghelesha-Wald, auch wenn ich noch nie eins gesehen hatte.
Ich nannte es Charlie.
Tagsüber schlief er in dem kleinen Vogelhaus, das die *fundis* für ihn aus Holz bauten und das ich auf den höchsten Pfahl auf meiner Veranda setzte. Und abends, wenn die Fledermäuse die Luft mit ihren Schreien erfüllten, wachte er auf und fraß aus einer Schüssel mit Obst, Kuchenkrümeln und Honig. Dann kletterte er hinaus, hielt sich dicht neben den Fenstern und versuchte, die Nachtinsekten zu fangen, die von den Punktstrahlern angelockt wurden. Meine Zimmerdecke gefiel ihm besonders. Vielleicht hatten die *poriti*-Balken aus Mangrovenstämmen und die Palmenwedel des *makuti*-Daches noch den Duft der Küste an sich, von der seine Vorfahren kamen. Außerdem stellten sie eine ausgezeichnete *palestra* (Turnhalle) für seine verrückten Turnübungen, Hopser und Purzelbäume dar. Jeden Abend gab er eine Vorstellung und führte uns mit waghalsigen Sprüngen wie ein Zirkusakrobat seine wilden Pirouetten vor.
Beim Abendessen kam er in Erwartung einiger Leckerbissen stets ganz nah an den Eßtisch heran. Seine Lieblingsspeise war ein Schokoladen-Soufflé, das Simon vorzüglich zubereitete. Und wenn er heiße Vanille roch, wartete er, bis ich aufstand, ihn leise zu mir rief und ihm etwas davon hinhielt, das er höflich aß, wobei er mich aus seinen nachdenklichen runden Augen aufmerksam ansah.
Man sollte wirklich keine wilden Tiere als Haustiere halten. Es ist unmöglich, ihnen ständig die Pflege und Aufmerksamkeit angedeihen zu lassen, die sie brauchen. Man gewöhnt

sie an eine Lebensweise, die ihrer Natur zuwiderläuft; ihr Zutrauen zu den Menschen macht sie abhängig, und meistens endet alles mit Tränen.
Ich reiste für zehn Tage nach Europa, und als ich zurückkam, war er nicht mehr da. Während meiner Abwesenheit brannten abends die Lichter nicht, an die er gewöhnt war, es fehlte ihm unten an Aufmunterung, an Betriebsamkeit, er vermißte unsere Gesellschaft und damit das Leben, das sich vor seinen neugierigen Augen abspielte.
Buschbabys sind gesellige Tiere. Vielleicht hatte er sich einsam gefühlt und davongemacht. Und da war dann der Uhu aufgetaucht, der junge Katzen, Eichhörnchen und Ratten frißt und der häufig auf seinen gewaltigen Schwingen durch den mondbeschienenen Garten glitt und mit umschatteten Augen die blühenden Büsche nach einer plötzlichen Bewegung absuchte. Am ersten Abend nach meiner Rückkehr sah ich seine große bedrohliche Silhouette auf der Fieberakazie in der Mitte meines Rasens, und bei seinen heiseren, hungrigen Schreien vor der Jagd lief es mir kalt den Rücken hinunter.
Ich war ganz sicher, daß er Charlie erwischt hatte; und ich war ebenso traurig wie Emanuele, damals noch ein Teenager mit langen Beinen und klugen Augen, und wie die kleine pausbäckige Sveva, die gerade ihre ersten Schritte machte und die Charlie so gern bei seinen Kapriolen zugesehen und über seine große Vorliebe für Vanillepudding und Schokoladendessert gekichert hatte.
Ein gutes Jahr danach erzählte mir Rocky Francombe, die Frau des Verwalters, die mit ihrem Mann zirka acht Kilometer von uns entfernt im Verwaltungszentrum der Ranch wohnte, ganz aufgeregt: »Gestern abend haben wir ein Buschbaby gesehen. Es kam zu uns ans Haus, als wir gerade unseren Nachtisch aßen, und kletterte auf die Balken der

Veranda, als ob es darauf wartete, daß wir es bemerkten. Es hat ein bißchen Obstpudding aus meiner Hand gefressen. Andrew hat es heute wieder gesehen; es schlief in dem Bougainvilleen-Strauch neben unserem Vogelbad. Es hatte sich in einem verlassenen Starennest niedergelassen. Ich glaube, es ist Charlie.«

Sie fuhr lächelnd fort: »Er war nicht allein. Neben ihm schlief noch ein Buschbaby.«

Das Pendel 10

> Heim ist der Seemann,
> heim von der See…
> ROBERT LOUIS STEVENSON

Er war ein sympathischer Mann in den mittleren Jahren mit altmodischen Umgangsformen, hochgewachsen und noch immer gutaussehend. Sein angegrautes Haar, akkurat zur Seite gekämmt, kontrastierte mit der gebräunten Haut, den ebenmäßigen Gesichtszügen und den dunklen, lebhaften Augen. Wie Dickie Mason, der Vater von Emanueles Freund Charlie, war er in der Royal Navy gewesen, und von dem schneidigen jungen Offizier, der er einst war, hatte er sich die aufrechte Haltung und die galanten Manieren bewahrt. Er segelte für sein Leben gern, und wenn wir nach Kilifi fuhren, berichtete er häufig von längst vergangenen Abenteuern auf dem Meer. Er konnte ausgezeichnet erzählen und verfügte tatsächlich über ein unerschöpfliches Repertoire an Legenden und Geschichten aus dem Küstengebiet. Meist spielten darin der Glaube an Zauberei, magische Affenbrotbäume, Vollmond-Zeremonien und die glücklichen oder unglücklichen Geister eine Rolle, für die Kilifi wie auch Takaungu, Vipingo, Mutwapa, Shimoni und die meisten der Buchten Kenias bekannt waren.

Vor gar nicht allzu langer Zeit segelten die Araber noch bis an die ostafrikanische Küste, um ihre Dhaus mit Elfenbein und Tierfellen, Gewürzen und Kokosnüssen und mit Sklaven zu beladen. Bevor sie die Sklaven nachts bei Flut an Bord brachten, ketteten sie sie an die Wände der Meereshöhlen entlang den Fjorden, die es an der kenianischen Küste des Indischen Ozeans in großer Anzahl gibt. Sie sind vor der Dünung des offenen Meeres geschützt und bieten Segelschiffen einen sicheren Ankerplatz.

Die Seelen der Sklaven geisterten weiter auf den vielen muslimischen Friedhöfen, für die die Küste bekannt war, und in den alten verfallenen Ruinen verlassener Städte, auf die man in den Wäldern stoßen konnte. Diese lagen unter einer üppigen Vegetation und waren überwuchert von Lianen und wilden Orchideen, die zwischen den Wurzeln riesiger Brotfruchtbäume und Affenbrotbäume wuchsen. Und die Eingeborenen, die Giriama, betrieben zum größten Teil noch immer okkulte Rituale und Zauberei.

Mir gefielen diese Legenden, denn sie gehörten zu der geheimnisvollen und exotischen Atmosphäre der Küste: zu ihren fremdartigen reifen Düften nach wildem Jasmin, Gewürznelken und Zimt, Vanille und Weihrauch, Sandelholz und Moschus; dem ungewöhnlich intensiven Geschmack von karamelisierten Ananas, *star-fruit, madafu* und herben Limonen; zu ihren zahllosen gefährlichen Schlangen und den großen Eidechsen, prähistorischen Ungeheuern mit flinken Zungen und Augen wie Glasperlen; den bunten Vögeln und Affen, Flederhunden und Buschbabys; sowie zu den ehrwürdigen Affenbrotbäumen, den Säulen verschwundener Tempel, den Palmen und Casuarinas, die im ewigen salzigen Atem des Monsuns zittern.

Ich kannte ihn, seit wir zum erstenmal nach Kilifi gefahren waren. Als Paolo und Emanuele noch lebten, sahen wir ihn zwar häufig, wenn wir uns an der Küste aufhielten, doch er war eigentlich nicht mehr als ein guter Bekannter. Stets hatte er einen gewissen Abstand gewahrt, und ich konnte nicht behaupten, daß ich viel über ihn wußte, auch wenn ich ihn seit langem kannte und mochte.

Daher war ich leicht überrascht, als er mir in den dunklen Tagen nach Emanueles Tod einen sehr einfühlsamen Kondolenzbrief schrieb und schon kurz danach mitteilte, daß er mich für eine Woche in Laikipia besuchen würde.
Emanuele war erst etwa drei Monate tot, und der quälende Trennungsschmerz bestand noch und überkam mich in Wellen von Einsamkeit und Sehnsucht.
Ich litt seit einiger Zeit an einer durch den Staub verursachten Nebenhöhlenentzündung, und bei seiner Ankunft hatte ich noch immer mit quälenden Kopfschmerzen zu tun. Er sah mich kurz an, schob leise lächelnd die Hand in seine Hosentasche und holte einen seltsamen Gegenstand hervor, den er vor meinen Augen hin und her schwingen ließ. Es war ein auf Hochglanz polierter Messingkegel, der an einem Stück Angelschnur hing. Ich muß ein recht verdutztes Gesicht gemacht haben.
»Wissen Sie, was das ist?« fragte er. »Ein Pendel. Man kann es zu den unterschiedlichsten Zwecken benutzen. Vor allem zum Heilen, aber auch, wenn man etwas wiederfinden möchte, das man verloren hat, oder um ein Problem zu lösen oder um Wasser zu finden. Ich kann versuchen, Ihnen zu helfen. Vielleicht bringe ich Ihnen danach bei, wie man damit Wasser sucht.«
Ich war fasziniert.
Er hielt das Pendel mit ruhigen Händen über meinen Kopf, und tatsächlich begann es nach wenigen Augenblicken zu schwingen, zunächst langsam, dann immer schneller, bis es sich so geschwind drehte, daß es kaum noch zu erkennen war. Schon vom Hinsehen wurde mir fast schwindelig, doch mit einem Mal schien der Schmerz hinter meiner Stirn nachzulassen. Innerhalb weniger Augenblicke fühlte ich mich viel besser.
Ich staunte. Er schlug vor, es in den nächsten Tagen noch

ein paarmal zu wiederholen, und danach war ich völlig geheilt.
»Ich wünschte, ich könnte das auch. Es muß wunderbar sein, Menschen auf so einfache Weise helfen zu können.«
»Sie können das wahrscheinlich auch«, sagte er ernsthaft. »Die meisten Menschen besitzen diese Fähigkeit. Sie müssen nur den Willen haben, sie zu entwickeln. Aber suchen wir erst mal nach Wasser. Dann sehen wir weiter.«
Damals versuchte ich gerade, mich mit den auf der Ranch und der Farm anfallenden Arbeiten zu beschäftigen, und ich wußte, daß wir dringend ein paar neue Wasserstellen benötigten. Die unerwartete Hilfe kam mir wie gerufen.
Als Farmer verstand er viel von Getreideanbau und Viehzucht, und er interessierte sich sehr früh für unsere Arbeit in Ol Ari Nyiro. Ihn umgab eine Aura von Stille und Unergründlichkeit, und es war aufregend, mit ihm herumzugehen und ihm die Ranch zu zeigen und Plätze ausfindig zu machen, wo vielleicht ein Bohrloch vonnöten wäre.
Wir stiegen aus dem Auto und gingen zu Fuß weiter. Wenn wir an eine geeignete Stelle kamen, hielten wir das Pendel vor uns, ohne uns zu bewegen, und warteten darauf, daß es von selbst anfing zu kreisen oder zu schwingen.
Häufig passierte gar nichts, doch manchmal war die Reaktion erstaunlich intensiv. In diesem Fall testeten wir die Stelle dann noch ein zweites Mal mit einer Rute, die wir von einem grünen Strauch schnitten. Das erste Mal, als sie so heftig zu vibrieren begann, daß sie mir fast aus den Händen sprang, und dann mit aller Kraft nach unten auf den Boden zeigte, war ich völlig überrascht und so begeistert, daß ich sie beinahe fallen ließ. Ich hatte das Gefühl, eine andere Welt zu betreten, wo sich die unbekannten Kräfte der Erde, die vergangene Generationen geleitet hatten, in ihrer ganzen

Einfachheit und gleichzeitig in ihrer unheimlichen natürlichen Stärke offenbarten.
Ich war eine begeisterte Schülerin. Die Tage vergingen wie im Fluge, und ich war betrübt, als mein Freund schließlich abreisen mußte. Kurz bevor er in seinen Wagen stieg, nahm er das Pendel aus der Tasche.
»Ich möchte, daß Sie das behalten«, sagte er mit ernstem Blick. »Sie müssen mir aber versprechen, daß Sie es benutzen. Sie haben die Fähigkeit dazu, und es ist Ihre Pflicht, sie auszuüben.«
Ich protestierte. Ich wußte, wieviel ihm das Pendel bedeutete, und mir war klar, daß es da so etwas wie eine persönliche, innere Verbindung gab, wie beispielsweise zwischen einer Fee und ihrem Zauberstab oder einer Hexe und ihrer schwarzen Katze. Doch er legte mir das Pendel entschlossen in die Hand, und ehe ich mich's versah, war er fort.
In den nächsten Jahren benutzte ich das Pendel gelegentlich, meistens bei Sveva, wenn sie krank war, und ein- oder zweimal bei meiner Mutter und ein paar Freunden. Viele fühlten sich danach besser, doch ich war mir nie ganz sicher, was für eine Rolle die Suggestion beim Pendeln spielte. Die meisten Leute, die ihn kannten, fanden es erstaunlich, daß er mir das Pendel geschenkt hatte, denn jeder wußte, wie sehr er daran hing, und ich war stolz, daß er mich dafür erwählt hatte.
In den nächsten Jahren sah ich ihn nur selten. Ich fuhr nie wieder nach Kilifi, weil mit dem Ort zu viele Erinnerungen an glückliche Tage verbunden waren. Außerdem wußte ich, daß er nur hin und wieder nach Nairobi kam.
Vor einiger Zeit saß ich morgens bei meinem Friseur in Muthaiga und las in einem Buch, das ich gerade gekauft hatte, weil der Titel meine Neugier geweckt hatte: *Mysteries*,

von Colin Wilson. Das erste Kapitel trug die Überschrift: »Geister, Seelen und Pendel«. Unweigerlich mußte ich an meinen Freund denken und fragte mich, wie es ihm wohl ging. Wir hatten erfahren, daß er wieder geheiratet hatte, aber ich hatte ihn seit Jahren nicht mehr gesehen.
Mit einem Mal spürte ich, daß mich jemand beobachtete, und ich sah auf. Dort, zwischen den Damen mit Lockenwicklern und den Shampoo-Flaschen, entdeckte ich ihn im Spiegel vor mir. In der gleichen Sekunde wandte er den Kopf, unsere Blicke trafen sich, und er zeigte ein wiedererkennendes Lächeln. Das konnte kein Zufall sein, und ich war derartig verblüfft, daß ich einen Augenblick lang nichts sagen konnte. Statt dessen hielt ich ihm mein aufgeschlagenes Buch hin, damit er sehen konnte, was ich gerade las. Er lächelte einfach nur noch breiter, ohne eine Spur von Überraschung, als wäre das die natürlichste Sache von der Welt.
»Bei Ihnen konnte man damit rechnen«, sagte er ruhig. »Geht es Ihnen gut? Was macht das Pendel?« Mir fiel auf, daß er erschöpft aussah, fast außer Atem. Es war ein heißer Tag.
Nur wenige Wochen später war ich auf einer Abendgesellschaft in der belgischen Botschaft, wo jemand beiläufig bemerkte: »Wirklich tragisch, was da in Kilifi passiert ist.« Und so erfuhr ich es.
Er hatte eines Morgens mit seinem Gewehr das Haus verlassen und war nach Takaungo gefahren. Er kam nie wieder. Am Nachmittag hatte man seine kopflose Leiche gefunden, das Gewehr neben sich. Er lag auf dem Strandstück in der Bucht, unweit von Denys Finch-Hattons früherem Haus, direkt unterhalb von Bwana Nyokas.
Niemand konnte erklären, was wirklich geschehen war.
Er war von uns gegangen, dieser treue Freund aus vergan-

genen Zeiten, mit seinen Geheimnissen und seinen Geschichten, einem verborgenen Schmerz, den niemand je erfahren würde – noch ein kenianisches Drama, noch ein Geist, der sich zu den anderen Geistern Kilifis unter den Affenbrotbäumen gesellte.

Als ich nach Hause kam, suchte ich nach dem Pendel, aber es war nicht mehr dort, wo ich es hingelegt hatte. Tagelang forschte ich im ganzen Haus danach: Das Pendel schien wie vom Erdboden verschwunden.

Vor nicht allzu langer Zeit lernte ich seine Witwe kennen: eine sympathische, gutaussehende Dame, die das Geschehene noch immer nicht fassen konnte. Sie wollte ein Buch über ihr Leben schreiben und hatte sich mit mir in Verbindung gesetzt, damit ich ihr Adressen von Verlagen gab. Sie wußte, daß ich ihren Mann gekannt hatte, aber nicht mehr.

Irgendwann konnte ich nicht widerstehen, sie auf seine Begeisterung für das Pendel anzusprechen. Ich wollte gerade erzählen, daß er mir sein Pendel geschenkt hatte und daß ich mich dadurch sehr geehrt gefühlt hätte und nun bekümmert sei, es nirgendwo finden zu können, als sie sagte: »Übrigens, ich habe sein Pendel ins Meer geworfen. Es schien mir das einzig richtige zu sein.«

Der Strand gehörte wieder den Möwen.

Ein Bett wie ein Schiff 11

> Laß mich so leben, wie ich es liebe,
> gib mir ein Bett im Busch mit Blick auf die Sterne.
> ROBERT LOUIS STEVENSON

Im Westen glaubt man normalerweise nicht mehr an Prophezeiungen, doch zu Afrika und seinen Traditionen gehören sie. Ich habe mich für Afrika entschieden und im Laufe der Zeit gelernt, seine Rituale und Glaubensformen zu akzeptieren und zu achten, denn sie sind im Wesen seiner Menschen ebenso verwurzelt wie in ihrem einfachen Leben, das noch heute dem Ursprung der Dinge nahe ist. Diese Rituale sind in ihrem Kern nicht von dem Instinkt zu trennen, der es Stämmen ermöglicht, unter feindlichen Bedingungen zu überleben, in regelmäßigen Abständen zu anderen Weidegründen zu ziehen, der sie vor Raubtieren schützt oder ihnen den Weg zu Wasserstellen weist.
Und es hat in meinem Leben Ereignisse gegeben, bei denen ich den Tiefen des afrikanischen Geistes näherkam und voller Demut und Stolz spürte, daß Afrika mich angenommen und auf seine unerklärliche Weise erwählt hat.
Wie damals, als die Pokot-Frauen kamen, um einen besonderen Wunsch für mich auszusprechen.
Es war der Nachmittag vor Weihnachten 1983. Paolo war seit drei Jahren tot, Emanuele war ihm vor einigen Monaten gefolgt, und Sveva, unser Baby, war gerade drei Jahre alt. Ich war in der Küche und bereitete zusammen mit meinem Koch Simon einen komplizierten Schokoladenkuchen zu. Rachel, eine Hausangestellte vom Stamm der Nandi, kam

herein und sagte: »*Kuja! Wanawake wa Pokot iko hapa. Unataka kuona wewe.*« (Kommen Sie! Die Pokot-Frauen sind da. Sie möchten Sie sehen.)
Ich wischte mir die Hände an einem Tuch ab, nahm die Kleine auf den Arm, leckte mir die Schokolade von den Fingern und ging hinaus.
Ich konnte sie schon von der Veranda aus sehen. Manche hockten bereits bequem unter den Fieberakazien, manche standen herum, und manche tanzten wie langgliedrige Straußenvögel und warfen die Beine hoch in die Luft. Alte Frauen waren darunter, in weiche Häute gehüllt, das Haar in dunkle eingefettete Löckchen gelegt; zahnlose, runzlige, zerfurchte Gesichter wie alte Holzmasken. Die jungen Mädchen sangen. Sie waren so jung und so zerbrechlich wie Vögel, denen noch kein Federkleid gewachsen ist. Streichholzdünne Beine, magere Arme mit schimmernden Kupferarmbändern und auf kecken Hälsen kleine runde Gesichter, die mit einer grellen Paste aus weißer Asche und Kreide häßlich verkleistert waren; doch ihre fröhlichen Augen, aus denen der Schalk lachte und ungeduldige Erwartung leuchtete, widersprachen dem eigentlichen Sinn ihrer Maskerade. Jede von ihnen hielt einen Zeremonienstab in der Hand, den sie selbst im Wald von einem besonderen Strauch geschnitten hatte, und schwang ihn im Rhythmus des Gesangs hin und her.
Sie sangen. Und als sie mich sahen, wurde ihr Lied lauter und schneller, als ob ein plötzlich aufkommender Wind ihm neue Flügel verliehen hätte. Es war eine schrille hohe Klage, die wie der Ruf eines Vogels am Mittag klang. Es durchlief sie wie ein Schauer, als sie abwechselnd sangen, und sie verfielen in einen ekstatischen und dennoch seltsam ruhigen, rituellen Tanz.
Es war der Tanz der Mädchen, die beschnitten worden sind

und die den Schmerz und die Erniedrigung dieser barbarischen, doch allgemein anerkannten Tradition mit Mut und Würde ertragen haben in dem Bewußtsein, daß sie nun die Freiheit haben, die Aufgaben einer erwachsenen Frau zu übernehmen und einem Mann zu erlauben, sie zu erwählen und ihren Vätern den Brautpreis in Rindern und Ziegen zu bezahlen. Es war das Lied der Frauen Afrikas, ein Lied von Mut und gegenseitiger Solidarität, der Hoffnung auf Kinder und der stolzen Hinnahme eines nicht selbstgewählten, aber uralten Schicksals.

Bevor sie mir nacheinander die Hand schüttelten, spuckten sie in die Hände und kicherten schüchtern; manche wirkten so rührend klein, fast wie Kinder. Das Weiße der Augen und Zähne hob sich von der primitiven Bemalung ab, die sie für die Zeit ihrer Genesung für Männer unattraktiv machen sollte. In wenigen Tagen, wenn die Wunde geheilt und sie bereit sein würden, sich den Blicken aller heiratswilligen jungen Männer zu stellen, würden sie ihre traditionellen Gewänder mit leuchtend orangefarbigen, braunen und gelben Perlen tragen. Dann würden ihre runden Wangen mit aufreizendem roten Ocker eingerieben, ihr Haar in kunstvolle Flechten gelegt und ihre kleinen Brüste entblößt sein. Dabei würden ihre Röcke aus perlengeschmückten Kalbfellen hinten lang und vorne gerafft sein, um ihre graziösen Beine mit den Fußringen zu zeigen.

Und im nächsten Jahr und den Jahren danach würde ich sie manchmal überraschend an einer Wegbiegung erblicken, wie sie ihre Ziegen und Kleinkinder hüteten, einige mit gewölbten Bäuchen, in denen sie ihr erstes oder zweites oder eines der vielen nachfolgenden Kinder trugen, Jahr um Jahr, ihr ganzes fruchtbares Leben lang.

An jenem Tag, als die allgemeine Begrüßung vorüber war und ich als symbolische Gabe Tee und Zucker herumge-

reicht hatte und sich die Zeremonie ihrem Ende zu nähern schien, trat plötzlich eine alte Frau vor. In ihren geöffneten Händen trug sie einen länglichen Gegenstand. Sofort senkte sich ehrfürchtige Stille auf die kleine Menge, wie eine letzte Schicht Blätter, wenn sich der jähe Sturm legt.
Die anderen Frauen kamen zusammen und umringten mich in gespanntem Schweigen. Ihre aufmerksamen Gesichter sahen erwartungsvoll aus, und ich begriff, daß jetzt der Hauptteil der Zeremonie begann, der eigentliche Zweck ihres Besuches. Die Frau murmelte kehlige Worte in der Sprache der Pokot und bot mir ihr Geschenk dar: einen Gürtel aus weichem Leder, mit kleinen grauen Kaurimuscheln besetzt, die wie glänzende Kieselsteinchen in einfachen Mustern angeordnet und mit fettigem Ocker und Ziegenfett eingerieben waren. Ehe ich wußte, wie mir geschah, hatten sie mir den Gürtel mit zärtlichem Gekicher um die Taille geschlungen und fragten mich in einem fröhlichen drängenden Ton etwas, das ich nicht verstand.
«*Niumba yako ya kulala. Awa nataka kubeba wewe kwa kitanda yako.*« (Ihr Schlafzimmer. Sie möchten Sie in Ihr Bett tragen.) Simon, der wie ein schützender Schatten neben mir aufgetaucht war, übersetzte es für mich.
Mein Bett. Ich mußte an den Tag denken, an dem ich auf dem Boden des Zimmers gesessen hatte, das unser Schlafzimmer werden sollte, und zugesehen hatte, wie Langat und sein Helfer Nguare das Holz hereingetragen hatten, aus dem unser Bett entstehen sollte.
Wenn wir uns ein Bett bauen, so ist das, als bauten wir ein Schiff, das uns durch die Freuden und Alpträume, Überraschungen und Verrücktheiten, Ruhepausen und Fieberträume der mannigfachen Reisen unseres nächtlichen Lebens tragen wird. Unser Bett ist wahrscheinlich das wich-

tigste Möbelstück, das wir je benutzen, denn in ihm geschieht so vieles, was unsere wachen Stunden beeinflußt. Ein Bett ist ein Refugium, die Heimstatt an sich. Unser schlafender Körper vertraut sich seinem Schutz an und sammelt dort selbstvergessen Kraft und Mut für den morgigen Tag.
Unser Bett, das ich selbst entworfen hatte, war ein Himmelbett und bestand aus vier schlichten, gehobelten, aber ansonsten unbehandelten Pfosten, die durch schmalere Balken miteinander verbunden waren. Vorder- und Rückseite sprangen ins Auge, denn sie waren aus Hölzern gefertigt, bei denen nur die Rinde abgeschält worden war, um die geschwungenen Sehnen ihrer langen hölzernen Muskeln freizulegen.
Dieses Bett, in dem ich heute noch schlafe und in dem ich schlafen werde, solange ich lebe, war innerhalb weniger Tage in dem Zimmer selbst entstanden, groß, massiv und einzigartig, und es würde niemals durch die schmale Tür hinausgetragen werden können.
Wir bauten es gemeinsam, Langat, Nguare und ich, und als es fertig war, spendierte ich ihnen ein Bier, um diesen Ort der Träume und Kümmernisse zu feiern. Wir standen beisammen und betrachteten bewundernd das Ergebnis unserer Arbeit. Dann schüttelten wir uns die Hand und lachten vor Freude über unser gelungenes Werk. Die Spuren, die die Insekten mühsam in die Oberfläche des Holzes gegraben hatten, sorgten für ein unnachahmliches filigranes Muster, eine zarte fossile Erinnerung.
Eines Tages sollte Paolo, was ich damals noch nicht wissen konnte, auf das Bett klettern und an dessen Mittelbalken ein leeres Straußenei aufhängen, das meiner Seele mit einem unausgesprochenen Orakel Rätsel aufgab. Ich verbrachte schlaflose Nächte, in denen ich das Ei betrachtete, nachdem

Paolo gestorben war, und seine kleine Tochter sollte auf der Klippschlieferdecke gestillt werden und spielen. Einige Jahre später bettete ich dort den gequälten Körper meines jungen Sohnes, Emanuele, für seine letzte Nacht auf Erden. Und ich wachte neben ihm, zusammengerollt auf meiner Seite, eingehüllt in kalte Decken, und schrieb für ihn mein eigenes letztes Lied.

Die Pokot-Frauen zu meinem Bett führen! Die Bitte war so eigenartig und unerwartet, daß ich nicht dazu kam, Einwände zu erheben. Mit einem Kopfnicken wies ich den Weg, und unter triumphierenden Rufen wurde ich plötzlich von Dutzenden magerer, brauner, starker Hände, deren Griff ich durch meine Khakikleidung spürte, hoch über die Köpfe mit den Ringellocken gehoben, und ein neues Lied wurde angestimmt.

Sie trugen mich und bewegten sich dabei wie ein lebender brauner Fluß in schlängelnden Kreisen durch den Garten, eine Prozession Nahrung suchender Ameisen, die ein großes weißes Insekt in ihre geheimen Vorratslager schleppen. Ehe ich mich's versah, füllten sie mein Schlafzimmer, eine wimmelnde Menge, die sich im Gleichklang bewegte.

Schließlich ließen sie mich so sachte wie möglich, aber immer noch recht unsanft, auf mein Bett fallen. Die jüngeren Frauen kicherten, während die älteren in einer Art Singsang ihre Prophezeiung oder ihren Wunsch verkündeten. Nacheinander verstummten alle, bis auf die älteste. Sie stand über mich gebeugt, suchte mit ihren glänzenden Augen meinen Blick und überschüttete mich mit einem kehligen Wortschwall. Alle wiederholten das letzte Wort, klatschten in die Hände, und dann spuckte eine nach der anderen in einem zitternden Sprühregen aus feinem Speichel ihren Segen über mich. Dann wurde ich, benommen

und ockerverschmiert, wie ich war, wieder ins Freie gebracht, um das Sonnenlicht zu sehen.
Später erklärten sie mir, daß sie mir gewünscht hatten, in diesem Bett, das so viel Trauer gesehen hatte, wieder glücklich zu werden – glücklich und geliebt, aber »nie mehr schwanger«; der beste Wunsch, den sie mir entbieten konnten, und ich nahm ihn dankbar an.
Und wie alle echten Zaubersprüche wurde er nach einiger Zeit wahr.

Das Nashorn, das schnell genug lief 12

> Seit dem Erlebnis hege ich gewisse Zweifel daran,
> ob Nashörner wirklich so schlecht sehen können,
> wie man allgemein annimmt.
> VIVIENNE DE WATTEVILLE

Es ist in Afrika mitunter recht schwierig, Tiere in freier Wildbahn zu überraschen, denn die üppige Vegetation und das dichte Unterholz bieten unzählige Verstecke, in die das Wild, aufgeschreckt vom Lärm des herannahenden Wagens oder vom Knacken eines Zweiges unter dem unvorsichtigen Schritt oder von der menschlichen Witterung, die der wechselnde Wind ihm zuträgt, rasch untertauchen und verschwinden kann.

Nicht selten habe ich an der Biegung eines Pfades aus den Augenwinkeln eine flüchtige Bewegung wahrgenommen, die Form eines Schwanzes oder zuckende Ohren im hohen Gras, und dann huschte ein Schatten davon, schneller, als mein Bewußtsein ihn wahrnehmen konnte, und hinterließ nur noch den flüchtigen Eindruck irgendeines scheuen Lebewesens, der meine Phantasie anregte. Wenn ich dann jedoch stehenblieb, um im Staub oder trockenen Schlamm nach der Fährte des Wildes zu forschen, fand ich stets den Abdruck eines großen Hufes oder einer Tatze, die flüchtende Füße wie eine unfreiwillige Unterschrift im Sand hinterlassen hatten.

Noch heute fasziniert es mich, wenn ich durch einen glücklichen Zufall einen Pfad just in dem Augenblick überquere, in dem ein seltenes oder scheues Tier hinüberläuft oder einen Moment lang wie versteinert im Licht der Autoscheinwerfer oder im Sonnenlicht verharrt, bevor es von der Dunkelheit oder dem Savannengras verschluckt wird. Nur ein paar Sekunden früher oder später, und der Anblick wäre für immer verloren gewesen.

Ich kann mich an zahllose solcher Episoden erinnern, doch die vielleicht außergewöhnlichste von allen war eine Begegnung, die von vier Augenpaaren mit dem gleichen Erstaunen wahrgenommen wurde und die durch die Gunst des Augenblicks dazu führte, daß ein in Not geratenes, seltenes kleines Lebewesen gerettet wurde.

An einem Julimorgen in Laikipia, als Sveva ungefähr fünf Jahre alt war, fuhr ich mit ihr ins Zentrum hinüber, um ihren kleinen Freund Andrew, Colin Francombes Sohn, zu uns nach Kuti zu holen, wo die beiden miteinander spielen wollten.

Die Luft war still und heiß, der tiefhängende Himmel war bleifarben wie so oft während der Regenzeit, wenn die Hochlandwinde eine Zeitlang innehalten und der zitternde Flug weißer Schmetterlinge, die in endlosen Wolken vibrierender Flügel gen Westen ziehen, die einzige Bewegung darstellt. Sie wandern wie Wellen unaufhörlich in dieselbe Richtung, als ob sie am anderen Ende des Horizonts ein Rendezvous hätten, das sie nicht versäumen dürfen, und die goldfarbene Luft scheint erfüllt zu sein von den Schneeflocken eines absurden Sommersturms oder den Blütenblättern der cremefarbenen Bougainvilleen, die von den Böen eines unsichtbaren Windes aufgewirbelt werden.

Mein Wagen schlitterte durch den frischen roten Schlamm. Die neuen Grasbüschel, die am Straßenrand aus der Erde sprossen, waren smaragdgrün, und an den *carissa*-Sträuchern hingen Trauben flaumiger Blüten, deren betörender Jasminduft sich mit dem süßen und warmen Aroma der

blühenden Akazien mischte. Die Verwandlung, die der Regen in Laikipia mit sich brachte, war stets atemberaubend, und die wilden Tiere erschienen wie neugeboren, gut genährt und strotzend von Lebenskraft: muntere Impalas, schimmernde Wasserböcke, rundliche Zebras und sanftmütige Elefanten, die sich seelenruhig an den höheren Ästen gütlich taten. Der rote Staub, der sich wie klebriger Rost auf die Blätter gelegt hatte, war verschwunden und hatte glänzende Grashalme und leuchtende Knospen zurückgelassen. Ich fuhr langsam nach Kuti zurück, die Kinder saßen plaudernd im Fond, und ich konzentrierte mich auf die Schönheit und den Reichtum der nassen und saftigen afrikanischen Landschaft.
Es geschah urplötzlich und traf mich völlig unvorbereitet. Ein kleines graues Etwas schoß quer über die Straße und lief mir fast direkt ins Auto: ein seltsames winziges Geschöpf, wie eine ausgeschnittene Zeichentrickfigur, die durch eine Laune der Phantasie in die reale Welt eingedrungen war.
Ein Nashornbaby, nicht größer als ein Hund, stob mit erstaunlicher Geschwindigkeit an mir vorbei. Allein. Die Augen waren nach vorn auf die Straße geheftet, aber als es meinen Wagen wahrnahm, richteten sie sich darauf, und für den Bruchteil einer Sekunde konnte ich zu meiner großen Überraschung blankes Entsetzen aus ihnen lesen. Aus irgendeinem Grund war das Nashornbaby zu Tode geängstigt, und ich erkannte, daß es um sein Leben lief.
Es verfehlte die Stoßstange meines Autos nur um wenige Zentimeter, und Sekunden später war es verschwunden. Ich trat auf die Bremse, und das Fahrzeug kam schleudernd zum Stehen. Genau in diesem Moment kam ein weiteres Auto aus der entgegengesetzten Richtung und hielt vor mir. Im Gesicht von Karanja, dem Fahrer des anderen Wagens, sah

ich das gleiche Erstaunen. Wir blickten einander an, und ich sprang aus dem Auto, um mich umzuschauen.

Da, mitten auf der Straße, stand das kleinste Spitzmaulnashorn, das ich je gesehen hatte. Seine Haut sah weich und glatt aus, wie bei einem Gummispielzeug. Lediglich eine schwache Erhebung auf seiner Nase ließ die Stelle erkennen, an der einmal das Horn wachsen würde. Es hatte winzige Schweinsäuglein, mit denen es mich oder eher meinen Wagen aufmerksam betrachtete. Seltsamerweise blickten sie genauso überrascht wie ich, und das unverkennbare, überwältigende Entsetzen, das ich kurz zuvor in ihnen gelesen hatte, war wie weggewischt. Jetzt lag eindeutig Erleichterung, Wiedererkennen, ja beinah Freude in diesen Schweinsäuglein, als ob das kleine Nashorn durch die Begegnung mit uns auf seltsame Weise Trost fand.

Einen Augenblick später setzte es sich unerwartet in Bewegung und kam auf uns zugelaufen, steuerte genau auf die offene Autotür zu.

Ich rührte mich nicht, aber bald wehte ein Windhauch meine Witterung in seine empfindliche Nase, und der Geruch des Menschen bedeutete Gefahr. Erschrocken blieb es augenblicklich stehen und sah enttäuscht drein. Sein Kopf senkte sich, ein Grunzen drang aus seinen winzigen Nasenlöchern. Es wurde von einer drolligen, instinktiven Entschlossenheit erfaßt und ging zum Angriff über. Ehe ich mich's versah, knallte es sein winziges Hörnchen gegen meine Stoßstange.

Es sah so komisch aus, daß ich in Lachen ausbrach. Auch die Kinder mußten lachen. Ich sah ihre verblüfften Gesichter mit den vor Staunen aufgerissenen Mündern und den runden Augen, denen nichts entgangen war, an das Heckfenster gepreßt.

Dieses Geräusch erschreckte das Nashorn, und es machte

auf der Stelle kehrt, wandte sich plötzlich zur Seite und trabte schneller denn je von dannen. Nur der Busch war noch da und die leere Straße, auf der sich eine feine Staubwolke rasch wieder legte. Ich drehte mich zu Karanja um, meinem anderen Zeugen, um das Geschehen zu kommentieren. Er stand da, mit offenem Mund und ungläubig aufgerissenen Augen. Aber da gab es noch etwas. Er fuhr einen großen Geländewagen, und da sein Gesichtsfeld dadurch weiter war als meines, hatte er etwas sehen können, das mir entgangen war.

Seine runde Hand schoß aufgeregt gestikulierend vor und wies auf einen Punkt neben der Straße, den ich nicht sehen konnte. Ich merkte, daß er Mühe hatte, seine Sprache wiederzufinden.

»*Simba!*« rief er mir schließlich zu.

»*Iko simba uko nafuata hio mutoto ya faru!*« (Ein Löwe war hinter dem Nashornjungen her.)

Das erklärte die verzweifelte Angst.

Ich wandte mich um, stellte mich auf die Zehenspitzen und tatsächlich: Durch das hohe Gras und die niedrigen *carissa*-Sträucher hindurch konnte ich die gelbe Gestalt eines schleichenden lauernden Tieres entdecken. Ein kurzer Augenblick, und weg war es, nur die Spuren seiner Krallen im harten Boden zurücklassend.

Auch das Nashorn war fort. Seine Stunde war noch nicht gekommen. Durch irgendeinen unergründlichen Schicksalsplan waren wir just im richtigen Moment auf der Straße aufgetaucht, um sein Leben in letzter Sekunde zu retten.

Ich fragte mich, wie lange die Jagd wohl schon gedauert hatte.

Wo war seine Mutter?

Karanja wußte die Antwort: »*Ni ile mutoto ya faru. Ile nabaki tangu mama yake aliuliwa na janghili.*« (Das ist das Nashorn, dessen Mutter von Wilddieben getötet worden ist.) Das Junge, das man manchmal mit einem ausgewachsenen Männchen zusammen sah.

Warum war es auf mich zugelaufen? Wochenlang dachte ich darüber nach, und ich fragte sämtliche Tierexperten, denen ich begegnete, ob sie eine Erklärung dafür wüßten. Es war bestimmt nicht zu mir gelaufen, um bei mir Schutz zu suchen. Es war ja ein wildlebendes Nashorn, das nicht an Menschen gewöhnt war.

Aber ich hatte einen niedrigen, grauweißen Subaru gefahren, der mit Schlamm bespritzt war.

Die Größe, die Farbe und die Form waren ihm vertraut vorgekommen.

Von allen optischen Eindrücken seines Lebens hatte mein Auto das Nashornbaby am meisten an seine Mutter erinnert.

Fifty Guineas' Pike 13

*Die gesäumten Berge wurden zu schwarzen
Schatten... Geräusche verstummten...
Gestalten verschwanden – und die Wirklichkeit
des Universums allein blieb bestehen –
ein wunderbares Ding
aus Dunkelheit und Glimmerschein.*

JOSEPH CONRAD

»Wenn wir das nächste Mal Vollmond haben, würde ich dir und Sveva gern den Fifty Guineas' Pike zeigen«, sagte mein Freund Hugh Cole. »Die Sonne geht unter, und der Mond geht auf, und wir haben den schönsten Blick von dem herrlichsten *kopje*. Die Aussicht ist einfach phantastisch. Pack ein paar Sandwiches ein. Ich bringe die Angeln mit.« Er grinste. Ich fand seinen neuseeländischen Akzent ziemlich ulkig für einen Cole.

Ich mochte Hugh Cole. Schon seit den ersten Tagen in Laikipia war er mir ein echter Freund. Damals lebten die Coles auf dem Narok-Anwesen, einer großen lukrativen Ranch, die östlich von unserem Ol Ari Nyiro lag. Nach kenianischen Maßstäben waren sie praktisch unsere Nachbarn. Häufig kamen Hugh und unser Freund Jeremy Block überraschend vorbei, um mit Paolo auf Büffeljagd zu gehen. Dann waren sie den ganzen Nachmittag draußen, und abends saßen wir bis spät in die Nacht am offenen Feuer und plauderten.

Damals war Hugh gerade den Kinderschuhen entwachsen, vielleicht neunzehn Jahre alt, und er hatte Träume, wie kleine Jungen sie haben und manchmal auch Erwachsene. Er war hochgewachsen und schlaksig, mit glattem braunen Haar, das er von seinen irischen Vorfahren geerbt hatte, einer blassen, mit einigen Sommersprossen gesprenkelten Haut und einer verschleierten, dunklen Stimme. Doch sein auffallendstes Merkmal war der verspielte schalkhafte Ausdruck, der sich in seine beunruhigend blauen Augen schlich, die niemals blinzelten, wenn er sein Gegenüber mit dem irritierend festen Blick eines Vogels ansah. Aber er war viel zu höflich und viel zu gut erzogen, um jemanden anzustarren. Hugh besaß das sprachliche Talent der im Juni Geborenen. Er erzählte anschaulich und mitreißend, mit einer gewissen Zugespitztheit, die ich unterhaltsam fand, und unsere langen Gespräche bildeten die Grundlage für unsere Freundschaft.

Die Zeit verging, und sein Vater beschloß, Narok an die neuen kenianischen Siedler zu verkaufen, so wie es viele Menschen im Hochland von Laikipia taten. Eines Tages gab er Hugh etwas Geld und einen Schlag auf die Schulter und sagte, wie Hugh selbst es Jahre später wiedergab, etwa das Folgende: »Viel Glück, mein Sohn. Paß auf dich auf. Du bist ein Cole. Du wirst deinen Weg machen.«

Leicht verwirrt machte sich Hugh auf nach Australien.

So haben die Engländer in vergangenen Jahrhunderten die Welt erobert. Aber diese Zeiten waren vorbei. Drüben in Australien hatte kaum jemand von den Coles gehört, und es war schwer für Hugh, der dazu erzogen worden war, eines Tages die Verantwortung für die riesigen Ländereien seiner Familie im Hochland von Kenia zu übernehmen, auf dem neuen Kontinent einen Platz für sich zu finden. In Kenia jedoch waren sie ganz einfach die Coles. Wie die Delameres und die Blixens, die Longs und die Powys, die Blocks und die Roccos, Beryl Markham und Gilbert Colville und etliche andere gehörten sie zur Geschichte Kenias und zu jener frühen Generation exzentrischer, abenteuerlustiger oder aristokratischer kenianischer Pioniere. Sie waren zu Beginn des Jahrhunderts ihren Weg in Afrika gegangen, gegen sämtliche Widrigkeiten wie Krankheit, Hitze, wilde Tiere, Fliegen und ein wildes Land. Trotz Dornen, Staub und Fieber, Dürren und Überschwemmungen sowie feindseliger Eingeborenenstämme folgten sie ihrem Traum vom großen Abenteuer und ihrem Forscherdrang, der so tief in der britischen Seele wurzelt. Und sie fanden einen neuen Garten Eden im Hochland und auf den Ebenen des Great Rift Valley, wo sie sich niederließen.

Innerhalb der Grenzen eines traditionsbewußten, behüteten viktorianischen Elternhauses geboren, waren sie in Wahrheit hart im Nehmen.

Die erste kenianische Lady Delamere, eine geborene Cole, wohnte anfänglich in einer Hütte aus Lehm und Flechtwerk, die nicht einmal die primitivsten europäischen Bequemlichkeiten bot. Häufig zog sie, ohne mit der Wimper zu zucken, mit ihrem Gewehr los und schoß ein Perlhuhn zum Abendessen, oder sie half mit der gleichen Gelassenheit, mit der sie an einem milden englischen Nachmittag auf dem gepflegten Rasen ein *petit point*-Kissen bestickt hätte, einer kranken Kuh beim Kalben.

Im Gegensatz zu einer späteren Einwandererwelle von dekadenten Müßiggängern der oberen Zehntausend, die einem Teil von Kenia den abfälligen Namen »Happy Valley« eintrugen, waren die ersten kenianischen Siedler arbeitsame Menschen.

Sie rodeten den Busch und bestellten die Felder. Sie züchteten erstklassige Schafe und Rinderrassen, schossen Löwen oder Diebe nieder, die versuchten, ihr Vieh zu töten oder zu stehlen. Sie bändigten die Flüsse und machten Quellen

nutzbar, bewässerten dürres Land und bepflanzten Hunderte und Tausende von Morgen Land mit Weizen und Mais. Sie bewältigten jeden Weg zu Pferd und legten in einem unberührten, unwirtlichen Land Pisten und Straßen an. Manche starben an Malaria, an unbekannten Tropenkrankheiten, an infizierten Wunden und eiternden Entzündungen. Durch den Speer eines Eingeborenen oder den Angriff eines Raubtiers. Und doch strebten sie vorwärts, getrieben von ihrem Eroberungsdrang und der unbezähmbaren Neugier, das Unbekannte zu entdecken.
Hugh hatte während eines Besuches bei seinem Freund Jeremy in Amerika, wo dieser mittlerweile studierte, einen schrecklichen Unfall. An der Biegung einer Bergstraße in Colorado war sein schweres Motorrad von einer Klippe gestürzt, und während Jeremy, der hinten gesessen hatte, unverletzt blieb und nur eine zertrümmerte Armbanduhr zu beklagen hatte, brach sich Hugh fast sämtliche Knochen und wäre um ein Haar gestorben.
Wir erfuhren hier in Kenia davon und machten uns Sorgen um ihn. Seine Genesung dauerte Jahre, und er konnte nie wieder so gehen wie früher. Doch eines Tages klingelte bei mir das Telefon, und mein Freund Tubby, Jeremys Vater, war am Apparat: »Rat mal, wer wieder da ist!« sagte er gutgelaunt. »Hugh Cole. Er wohnt bei mir. Komm doch zum Abendessen.«
In den wenigen Jahren war mir vieles zugestoßen. Paolo war gestorben, und dann auch noch mein Sohn.
Aber Laikipia bestand noch immer in all seiner unendlichen Schönheit, und Sveva, mein neuer Engel, war bei mir, das Kind der Hoffnung und des Neuanfangs.
Er hinkte zwar und war offenbar ein wenig schwerhörig geworden, aber er war noch immer derselbe alte Hugh, mit seiner Ritterlichkeit und seinen gut erzählten, poin-

tenreichen Geschichten. Dennoch wirkte er müde, und eine bisher unbekannte Traurigkeit umgab ihn. Und er hatte jetzt einen leicht neuseeländischen, amüsant wirkenden Akzent. Drüben, am anderen Ende der Welt, hatte er so ziemlich alles ausprobiert. Jetzt war er zurückgekommen, um zu erkunden, ob es hier noch etwas für ihn zu tun gab. Er zog zu seiner Schwester, die ganz in der Nähe wohnte, und da wir die alten Fäden unserer Freundschaft neu geknüpft hatten, sah ich ihn oft. Wir plauderten, wir lachten, wir sprachen von den alten Zeiten, von den Menschen, die ich verloren hatte und die ihm wichtig gewesen waren. Meine Wunden waren noch nicht verheilt.

Der Gedanke, etwas Neues auszukundschaften, war verführerisch, und die Verheißung eines Abenteuers übte auf mich seit jeher einen unwiderstehlichen Reiz aus. Ich war neugierig auf den Fifty Guineas' Pike.

Und so kam Hugh am verabredeten Tag nach Laikipia, in seinem flotten grünen Wagen, den er wie ein Verrückter fuhr und den er stets mit ein paar schweren Zementsäcken beladen hatte, um die Straßenlage zu verbessern. Sveva, die damals vier Jahre alt war, und ich sprangen mit unserem Sandwichkorb hinein, und los ging's. Am Zentrum stieg Mirimuk zu, der drüben im Narok-Anwesen einige seiner Turkana-Verwandten besuchen wollte.

Hugh war nicht mehr dort gewesen, seitdem die Ranch verkauft worden war, aber natürlich erinnerte er sich noch an sämtliche Abkürzungen, wußte noch, wie man am besten durch die alten *bomas* fuhr, und kannte sich ganz genau in der Gegend aus, wo er aufgewachsen war. Es gelang ihm, einen ungerührten Gesichtsausdruck zu bewahren und keine Gefühle zu zeigen, während wir durch das Land fuhren, dem er sich, wie ich wußte, stark verbunden fühlte und das

der Schauplatz so vieler Geschichten gewesen war, die er mir erzählt hatte. Ich bewunderte ihn dafür.
Wie es für Hugh typisch war, rasten wir über Erdlöcher und Steine und schluckten gnadenlos Staub. Irgendwie hatte er eine neue Verwegenheit an sich. Ich hatte keine Ahnung, wohin wir fuhren, und manchmal gewann ich den Eindruck, daß auch Hugh sich seines Zieles nicht mehr ganz sicher war.
Die Landschaften, die wir durchquerten, waren jedenfalls atemberaubend. Wellige grüne Hügel und offene *mbogani*, die mit niedrigen filigranen *Acacia mellifera*, Sansevieria und Wolfsmilch bewachsen waren. Das Land war viel trockener und wüstenähnlicher als Ol Ari Nyiro.
Es dauerte länger als vermutet. Doch als wir schließlich nach stundenlanger Fahrt über holprige Pisten ankamen, war der Ort genauso zauberhaft, wie ich ihn mir vorgestellt hatte. Es war einer von vielen *kopjes*, die die Landschaft unterbrechen, und verdankt seinen ungewöhnlichen Namen wahrscheinlich irgendeiner inzwischen in Vergessenheit geratenen Wette. Der Fifty Guineas' Pike war herrlich, und die lange Anfahrt hatte sich gelohnt.
Da lag vor uns ein großer See, in den sich ein Wasserfall ergoß. Palmen und riesige glatte Basaltblöcke, auf denen Wildblumen und Papyrus wuchsen, umsäumten ihn. Überall sah man Pavianspuren und Leopardenfährten. Fische sprangen im See, große silberne Barben, die aussahen wie der Prototyp eines Fisches, wie ein Kind ihn zeichnen würde. Wasservögel, Libellen.
Sveva halb schiebend, halb tragend, kletterten wir zum untersten Teil des Plateaus hinauf, das man von unten sehen konnte. Dort angekommen, befanden wir uns auf einer flachen Plattform aus glattem Fels, der mit tiefen zylindrischen Löchern übersät war, eine geologische Besonderheit,

die möglicherweise im Laufe von Jahrtausenden durch urzeitliche Flüsse und wirbelnde Steine entstanden war. Von dort oben erstreckten sich, soweit das Auge reichte, auf der einen Seite die Ndotoberge und die nördliche Grenze und auf der anderen Seite die unermeßliche Weite des gesamten Laikipia-Plateaus bis zum Mount Kenya.
Sveva spähte in eines der Löcher, auf dessen Grund, wie in den meisten, ein kleiner Tümpel aus Brackwasser stand, und entdeckte eine kleine grüne Natter, die kraftlos darin schwamm. Wahrscheinlich war sie auf der Suche nach Wasser dort hineingefallen und schaffte es nun nicht mehr, an der glatten hohen Wand hinaufzukriechen.
Wir beschlossen, eine der Angelruten zu opfern, die Hugh aus einem dünnen langen Ast geschnitten hatte und deren Oberfläche so rauh war, daß sich die kleine Schlange daran hinaufwinden konnte. Wir schoben sie schräg in das Loch. Die Schlange ringelte sich ein paarmal um die Rute und schob sich dann allmählich nach oben, zur Sonne, zum Leben und in die Freiheit.
»Für Emanuele.« Svevas leise Stimme faßte meine Gedanken in Worte.
»Für Emanuele«, wiederholten Hugh und ich.
Die Erinnerung an das verlorene Lachen meines Jungen hallte zwischen den hohen großen Felsen wider. Er hatte grüne Nattern so geliebt.
Schon bald wurde uns klar, daß Sveva mit ihren kurzen Beinen nicht in der Lage sein würde, über die großen Felsen, die selbst uns Erwachsenen kaum einen Halt boten, auf das zweite Plateau hinaufzuklettern, das Hughs Ziel war.
Die Sonne hatte ihre Bahn am Himmel fast vollendet. In die Klänge des Tages mischten sich zunehmend nächtliche Geräusche. Hugh hielt es für besser, wieder hinunterzuklet-

tern und zur Rückseite des Berges zu fahren, von wo aus der Aufstieg leichter war. Wir verfolgten unsere Spur ein Stück zurück, bogen dann von dem ausgetretenen Weg ab und fuhren eine Weile quer durch den Busch und schließlich auf den Berg zu.
Wir stellten den Wagen auf einer kleinen Lichtung gleich neben einem Akazienwäldchen ab. Hugh nahm eine Wasserflasche, ließ die Parkleuchten an, und wir gingen zu Fuß weiter.
Die Sonne näherte sich rasch einer Bergkette. Bald würde es dunkel sein, und wir mußten uns beeilen. Da ich Hughs Ortskenntnis vertraute, dachte ich nicht daran, den Weg zu markieren. Das gelbe dürre Gras stand hoch, aber das Gelände war sandig, recht eben und mit vereinzelten Büschen bewachsen. Es war nicht leicht, hier irgendwelche Spuren zu finden.
Wir folgten Hugh über enge Wildwechsel und versuchten, mit ihm Schritt zu halten: durch hochgewachsene, dichte, dornige Vegetation, die jede Aussicht versperrte, zwischen leicht ansteigenden Korridoren aus stacheligem Gestrüpp, das sich dunkel gegen den Himmel abzeichnete. Schließlich erreichten wir die Rückseite des Berges und stiegen hinauf. Die Aussicht war atemberaubend. Endlose herrliche Weiten aus Kratern und *kopjes* und Bergen, die sich im blaßblauen und -rosa Licht des Sonnenuntergangs bis zum Fuße des wolkenverhangenen Mount Kenya erstreckten, über dessen Gipfel bald der Vollmond aufgehen würde. Der Mond deutete sich durch den Silberrand der Wolken und einen perlmutterartigen Schimmer am äußersten Horizont an.
Hinter uns ging die Sonne jenseits der Berge unter. Über uns jedoch verdunkelten rasch aufziehende Wolken den Himmel und verbargen den aufgehenden Mond.

Der Wind hatte sich gelegt. Die Wolken würden nicht weiterziehen. Wir seufzten enttäuscht. Trotzdem hofften wir, daß der Himmel sich aufklären würde. Wir plauderten, tranken etwas Wasser, sangen ein Lied. Und plötzlich war es stockdunkel.

Paviane bellten sich von den schlafenden Klippen ihr »Gute Nacht« zu; ein alarmiertes Bellen, denn aus der Nähe hörten wir die unverkennbare, rhythmische, rauhe Stimme eines Leoparden.

Bald war klar, daß der Mond in dieser Nacht nicht so bald zum Vorschein kommen würde. Wäre ich allein gewesen, hätte ich nicht gezögert, dort zu schlafen, sicher auf dem flachen warmen Boden. Doch Sveva war müde und würde hungrig sein, und es konnte leicht regnen.

Wir stiegen auf dem gleichen Weg, den wir gekommen waren, von dem Plateau wieder hinab, vorsichtig diesmal, und gerieten in dichten Busch. Vergeblich versuchten wir, unseren Rückweg zu finden.

Ich hatte eine Taschenlampe bei mir, doch ihr winziger Lichtschein, der jede Form absorbierte und verzerrte, machte die Nacht um uns herum noch dunkler, grenzenloser und verwirrender. Alle *Mellifera*-Büsche sahen gleich aus, übersät mit pudrigen gelben Blüten, einer wie der andere. Jede Biegung des sandigen Wildpfades schien mit der vorherigen identisch zu sein. Die Berge waren mittlerweile unsichtbar, und ohne jeden Anhaltspunkt bewegten wir uns unausweichlich im Kreis.

Schließlich räusperte sich Hugh, wandte sich zu mir um, und ich hörte seine tiefe körperlose Stimme aus der Dunkelheit das aussprechen, was bis zu diesem Augenblick keiner von uns hatte zugeben wollen.

»Meine Liebe, ich fürchte, wir haben uns verirrt. Es tut mir leid.«

Bei dem Wort »verirrt« brach Sveva in Tränen aus. Ich hatte mich noch nie zuvor verirrt. Ich war erstaunt darüber, wie beunruhigend und entwürdigend schon allein die bloße Vorstellung war. Gedanken schossen mir durch den Kopf, doch keiner bot eine Lösung.
Vor lauter Bestürzung wurde ich ungeduldig und gereizt. Ich ärgerte mich hauptsächlich über mich selbst, über meine eigene Dummheit. Ich hätte mich besser vorbereiten, besser umsehen sollen und eine so lächerliche Situation gar nicht erst aufkommen lassen dürfen. Verirrt, nicht zu fassen. So unnötig. Es war sinnlos, sich Vorhaltungen zu machen. Ich riß mich zusammen.
»Du hast uns hierhergebracht, und du wirst uns hier auch wieder rausbringen, Hugh Cole«, sagte ich kühl zu einem zerknirschten Hugh, wobei ich mich um einen lässigen, schnoddrigen Ton bemühte, während mir in Wirklichkeit ganz anders zumute war.
Svevas Hand grub sich in meine Schulter:
»Ich will zu Wanjiru«, erklärte sie mit einem Anflug von Trotz in der zitternden Stimme. »Und ich will zu den *Askari* und in mein Zimmer. Und ich will Morby haben.«
Morby war ihre heißgeliebte, weiche rosa Maus. Sveva muß sich unendlich weit weg von ihrer sicheren, vertrauten Welt gefühlt haben, wie sie da klein und verloren in der afrikanischen Nacht auf meinem Rücken hing.
Ich beruhigte sie: »Wir finden die Straße bestimmt gleich wieder. Es macht doch Spaß hier. Ich kenne kein kleines Mädchen, das soviel Glück hat wie du. Denk doch nur, du kannst deinen Freunden ein richtiges Abenteuer erzählen. Jetzt mußt du mir mal raten helfen, in welche Richtung wir gehen sollen. Und in der Zwischenzeit suchen wir uns ein gemütliches Plätzchen, wo wir bleiben können.«
Auf der Suche nach verlaufenem Vieh im dichten Busch und

auf felsigem Terrain, das selbst bei Tageslicht undurchdringlich aussah, hatte ich häufig mitbekommen, wie Luka, der früher unser Spurensucher war, im Wind schnupperte, wenn er einer unsichtbaren Fährte folgte, den Kopf mal hierhin, mal dorthin wandte und dann eine unwahrscheinliche Richtung einschlug, die sich stets als richtig erwies. Ich hatte unbedingt wissen wollen, wie er das machte, und bat ihn des öfteren, es mir zu erklären. Er sah mich dann immer verblüfft an, denn es ist unmöglich, etwas Instinktives zu erklären, und sagte jedesmal: »*Lazima jaribu kufikiria kama gnama, memshaab. Ngombe hapa utaenda kulia kufuata arufu ya maji – hama kutoroka arufu ya simba.*« (Versuchen Sie, wie ein Tier zu denken, Memsaab. Hier würde ein Ochse nach rechts gehen, auf den Geruch des Wassers zu – oder weg von dem Löwengeruch, verstehen Sie?)

Also versuchte ich, so zu denken wie ein Tier, was bedeutete, dem eigenen Instinkt zu folgen, und nicht dem Verstand zu gehorchen. Er wies mich an, umzukehren und in eine bestimmte Richtung zu gehen. Wie um Himmels willen sollte ich, kurzsichtig und im Dunkeln, das bloß schaffen? Ich betete, daß wir nicht einem Büffel auf dem Weg zum Wasser begegnen würden.

Wir bewegten uns zögernd vorwärts, gerieten häufig in Dornen, die meine Kleidung zerrissen, an meinen Haaren zerrten und mir die nackten Beine zerkratzten.

Ich versuchte angestrengt, die gute Seite der Sache zu sehen. Wenigstens goß es nicht in Strömen; wenigstens war es ziemlich warm, und in der milden Luft lagen betörende Düfte; die Nacht war trotz allem schön. Ich war in Afrika, wo ich immer hatte sein wollen. Die Gegend hier war geheimnisvoll, unberührt von Menschen. Es war ein Abenteuer, wie es im Buche steht.

An jeder Biegung des Pfades strengte ich meine Ohren an

und lauschte auf ein allzu nahes Grunzen, auf ein Blätterraschein.

Erstaunlicherweise schien plötzlich vor uns eine breitere weiße Piste aufzutauchen, und mit unsagbarer Erleichterung begriff ich, daß wir die Straße gefunden hatten. Aber an welchem Punkt befanden wir uns? Und wo war der Wagen? Rechts oder links? Es war am klügsten, hier an diesem Fleck zu bleiben, zur Sicherheit ein Feuer anzuzünden, das vorwitzige Tiere fernhielt, und mit einem schützenden dichten Gebüsch im Rücken zu warten. Hugh sollte weitergehen und suchen. Wenn er bei Sonnenaufgang noch nicht zurück wäre, würde ich auf eigene Faust losgehen und unsere Spuren suchen. Etwas anderes blieb uns nicht übrig. Einfach ruhig dazusitzen war sicherer, als mit einem kleinen Kind in der Dunkelheit in unmittelbarer Nähe einer Wasserstelle herumzulaufen. Es war klar, daß alle möglichen Tiere nachts dorthin kommen würden, um zu trinken. Ich mußte an all die Fährten denken, die wir dort gesehen hatten.

Im Licht meiner kleinen Taschenlampe, die inzwischen nur noch zitternd glimmte, sammelten wir einige Zweige und größere Äste. Hugh entzündete geschickt ein Feuer, wie er es in seiner Kindheit gelernt hatte. Die orangefarbenen Flammen züngelten knisternd empor, und die Schatten zogen sich zu einem tanzenden Kreis zurück, von dessen geheimnisvollen Rändern aus zahllose Augen zu uns herüberzuspähen schienen.

Das Feuer hob meine Stimmung; Sveva lag auf meinem Khaki-Sweater. Sie war jetzt still und lauschte wie ich.

Hugh blieb noch einen Moment stehen. Er nahm sein Halstuch ab.

»An der Stelle, wo ich die Straße verlasse, binde ich das Tuch an einen Busch.« Er lächelte kurz. »Ihr schafft das doch, oder?« Er verbeugte sich leicht. Und dann war er verschwunden.

Wir saßen an unserem kleinen Feuer, in seinem warmen Lichtschein, wie ein Punkt im Universum. Die Nacht war schwarz und grenzenlos und voller unbekannter Geräusche. Rote und braune Zecken flohen vor den Flammen, glitten seitlich davon, wie Miniaturkrabben. Ich erzählte Sveva unablässig Geschichten, um den gellenden Gesang der Hyänen und die beängstigenden Geräusche des Unsichtbaren und Unbekannten zu übertönen.

Da saß ich mit meinem Kind draußen in der afrikanischen Nacht, die uns diesmal fremd war, hielt das Feuer mit dornigen *Mellifera*-Ästen in Gang und versuchte, nicht darüber nachzudenken, was ich tun würde, falls der Löwe, den wir in den Bergen brüllen hörten, zum Fifty Guineas' Pike käme, um dort zu trinken. Ich hatte die Ohren gespitzt, um jedes Wispern zu hören, jedes leise Rascheln zu deuten, das allzu nah und allzu unergründlich klang, ein plötzliches Fauchen, das mich einen Moment lang zu Eis erstarren ließ, ein Atmen, das Trotten schwerer Hufe auf trockenen Pfaden.

In dieser Nacht war meine italienische Vergangenheit weit weg. Und doch empfand ich unser Hiersein als etwas besonders Schönes, als ein Privileg. Wo war die übrige Welt?

Mit dem unfehlbaren Wissen eines Kindes, das in Afrika geboren und aufgewachsen ist, unterbrach Sveva die Stille bisweilen mit der Feststellung: »Mami, eine Hyäne.« Etwas hatte geschrien.

Ein unvermitteltes Trompeten in der Nähe: »Elefanten!«

Und etwas hustete: »Ein Leopard!«

Plötzliches lautes und wildes Bellen: »Er frißt einen Pavian, Mami.«

Wahrscheinlich hatte sie recht. Afrikanische Klänge erzäh-

len ihre Geschichte wesentlich beredter als menschliche Worte.
Während ich das Feuer beobachtete und schürte, verstrich die Zeit zum uralten Klang des knackenden Holzes, bis schließlich, als ich meine Uhr vergessen hatte und ganz in Gedanken versunken war, Frieden über mich kam und das Bewußtsein, vollkommen in Sicherheit zu sein. Eine absolute Ruhe und das Gefühl, da zu sein, wo ich hingehörte.
Dann teilten sich die großen Wolken langsam wie Wellen, und ein kristallklarer Himmel leuchtete über uns, in dem still und fern ein kalter Vollmond trieb, der uns nicht beachtete. Es war schwer vorstellbar, daß dies derselbe Mond war, den Menschen zur gleichen Zeit von einem Londoner Fenster oder einer venezianischen Gondel aus betrachteten. Die unbekannten Berge zeichneten sich scharf gegen den durchscheinenden Himmel ab, und ein ohrenbetäubendes Konzert von Heuschrecken und Fröschen hob an, um den Mond zu begrüßen. Die Klänge waren freundlich und nah und wurden bald zu einem Konzert, in dem auch wir mitspielten. Es lag ein silbriger Zauber über dem Ort und über uns beiden, die wir da saßen, allein und verletzlich, und doch angenommen von den Geschöpfen der Nacht. Ich ließ das Feuer herunterbrennen. Es glimmte sachte. Wir brauchten es nicht mehr.
Ich nahm Sveva in die Arme; ihre Wärme und ihr kindlicher Geruch gaben mir ein Gefühl von Sicherheit. Ich wußte genau, daß ich das Wesen Afrikas nie wieder so erfassen würde wie in dieser Nacht. Die Zeit verstrich, und ich war glücklich.
Mit Bedauern, nicht mit Erleichterung, hörte ich viel später das gedämpfte Dröhnen eines Motors näher kommen, und die Scheinwerfer des Wagens vertrieben den Zauber.

Wir lachten hemmungslos wie übermütige Kinder. Ich bedeckte die glühenden Holzstücke mit Sand und stieg ins Auto. Doch als die Sonne aufging und die vertrauten Formen der Laikipia-Berge sichtbar wurden, verstummten wir. Sveva schlief, und das Abenteuer verflüchtigte sich wie alle Träume im Morgengrauen und wurde Erinnerung.

Die Kobra, die aus dem Dunkel kam 14

> Allem entsagte ich,
> nur nicht deinem Augenpaar.
> PABLO NERUDA

Noch immer liegt eine Ahnung seiner Gegenwart in der Luft, der jugendlichen Gestalt, die im Schatten der Bäume den nächtlichen Garten durchstreift. Manchmal treibt eine Stimme im Wind herüber, verbindet sich mit dem Lied der Stare bei Vollmond und mit den hellen Rufen der Laubfrösche am Fischteich. Eine schwache Stimme, wie das Echo meiner Erinnerungen und der Duft meiner Träume.

Wenn ich in solchen Augenblicken allein zu Hause bin, beschützt von meinen Hunden, die um mich herum zufrieden auf dem Teppich schlafen, und das Feuer im Kamin schwächer wird, bis nur noch die Glut leise knistert, dann kommt er zurück. Plötzlich ist jemand da, in der Stille des Zimmers, hinter meinem Schreibtisch. Ich drehe mich nicht um. Ich betrachte weiter das vergrößerte Foto an der Wand, das Oria nach jenem letzten Picknick an den Quellen aufgenommen hat.

Da entschwindet er für immer, dort an der Wand: vornübergebeugt rast er in einer roten Staubwolke, die sein Motorrad aufwirbelt, auf die Berge zu, ohne zurückzuschauen.

Manchmal, wenn ich allein bei Sonnenuntergang spazierengehe, suche ich nach seiner verlorenen Stimme, nach Worten, die einmal gesagt wurden und nun für immer verklungen sind. Ich erinnere mich an seinen Gang, an die Kopfbewegung, mit der er sich das Haar aus der Stirn warf oder einen Gedanken verscheuchte. Doch das Bild kommt und geht zu schnell und löst sich auf, bevor ich es richtig fassen und auskosten kann, bevor ich es im Stundenglas meiner Gegenwart festhalten kann.

Schon kann ich nicht mehr den warmen Duft seiner jungen, sonnengebräunten Haut riechen, und nur der Geruch von Büffeln und Elefanten, Jasmin und Salbei vermischt sich noch mit der Brise, die von Osten herüberweht, und verschmilzt mit den Geräuschen von Vögeln und dem Rascheln aufgeschreckter Gazellen und springender Hasen.

Das einzige, das von ihm blieb, sind seine Augen.

Aus den Nebelschwaden meiner Vision schien nur sein Kopf aufzutauchen. Sein Mund weitete sich langsam zu einem strahlenden Lächeln, und die klaren, ruhigen Augen blickten unverwandt in mein Inneres, ohne starr zu wirken. Der Hintergrund schien eine überirdische, intensive Blaufärbung anzunehmen, von einer kosmischen Leuchtkraft, die ich zwar wahrnahm, aber nicht erklären konnte. Eine glatte Gestalt mit schimmernder gesprenkelter Haut und kleinen, runden, glänzenden Augen wand sich geschmeidig unter seinem Kinn.

Ich rührte mich.

»Ich kann ihn sehen. Er wirkt heiter. Er sieht friedlich aus. Und er ist ernst. Merkwürdig. Er – hat eine Schlange um den Hals.«

Die Frau in dem roten *sari* lächelte. Ihr kurzes weißes Haar hatte einen Herrenschnitt, doch eine Locke berührte den kleinen roten Farbfleck auf ihrer Stirn, der einen zierlichen, nach oben weisenden Pfeil darstellte. Die Augen glühten wie dunkle Kohlen. Sie vermittelten Anteilnahme und Herzlichkeit und zugleich die Überzeugungskraft einer ungewöhnlichen, voll und ganz bejahten seherischen Gabe.

Die Frau legte ihre Hand auf meine Hand, und augenblick-

lich strahlte die trockene Handfläche Wärme aus. Die braunen, mit Silber- und Goldringen geschmückten Finger ruhten einen Moment lang auf meinen, und ich spürte, wie ein großer Friede in mir aufstieg und eine allumfassende Ruhe über mich kam. Ich schloß die Augen, und noch bevor sie etwas sagte, wußte ich, daß sie mir eine Antwort auf meine zahllosen Fragen geben konnte und daß es die richtige sein würde. Die übernatürliche, unheimliche Verbindung Emanueles mit allem Indischen.
»Atme tief durch. Ja, Kuki. Doch um sein Karma abzurunden, mußt du genau das tun, was ich dir sage. Wenn du nach Kenia zurückkehrst. Es ist gleich, ob du es glaubst oder nicht. Man tut so viele Dinge, ohne daß man weiß, warum. Es schadet nichts. Mit Sveva, am ersten Abend nach eurer Rückkehr.«
Von dem großen Fenster aus sah man den herrlichen Berg mit seinem verschneiten Gipfel. Seine Form erschien mir auf unerklärliche Weise vertraut, wie er da aufragte, freundlich und ungeheuer mächtig. Ich hatte gehört, daß manche Leute ihn bedrohlich und erdrückend fanden und ängstlich vor ihm flohen. Mir gab seine Stärke Sicherheit, und er hatte seinen alten indianischen Namen »Die Mutter« völlig zu Recht.
Die Schatten einer untergehenden Spätsommersonne in Amerika wurden allmählich länger, und die Granitblöcke auf den Gipfeln der Berge waren plötzlich blutrot gefärbt. Zum erstenmal verstand ich den Ursprung ihres Namens, »Sangre de Cristo«-Berge. Und ihr Blut war das meine und jedes Menschen, war die Traurigkeit des Universums und Emanueles Blut.
Der Becher war voll Milch. Sveva zog den Krug zurück, den sie in der Hand hielt. Sie blickte zu mir auf.
»Ich glaube, es reicht. Gehen wir.«

Wir gingen hinaus in den dunkelnden Garten, gefolgt von unseren geduldigen Hunden.
Es war ein neuer Sonnenuntergang, von kurzer Dauer, mit wechselnden Blau-, Grau- und Violetttönen. Unsere Gäste waren auf ihre Zimmer gegangen, um zu duschen und sich zum Abendessen umzuziehen.
Sveva und ich waren allein. Es war der richtige Zeitpunkt.
Am Ende des Gartens loderte das Feuer, das die *askari* entfacht hatten, in die Höhe, und sein Schein, der farblich mit der verblassenden Glut der untergehenden Sonne harmonierte, hob sich noch nicht von der langsam hereinbrechenden Nacht ab.
Die Hunde rannten voraus und blickten zu der hölzernen Schale hoch, die Sveva in Händen hielt. Gemeinsam stellten wir sie, ohne einen Tropfen zu verschütten, auf die Astgabel von Emanueles Baum, damit die Hunde nicht an die Milch kamen und sie aufleckten.
Wir standen nebeneinander, wie man es uns gesagt hatte, und murmelten gemeinsam die Worte, die die indische Priesterin uns beigebracht hatte, den eindringlichen Hindu-Singsang des vedischen Mantra. Seltsame, besänftigende Worte, die wir nicht verstehen konnten.
Mit einem Mal wurde mir klar, daß der Gesang im Grunde den gleichen Klang und Zweck hatte wie ein christliches, muslimisches oder jüdisches Gebet oder eine heidnische Beschwörungsformel, mit der die Menschen instinktiv versuchen, das unerklärliche Unendliche zu erreichen, das wir Gott nennen. Ihre unbekannte Bedeutung, die diesen Worten etwas Geheimnisvolles und Magisches und in gewisser Weise eine noch stärkere Überzeugungskraft verlieh, entsprach dem unfaßbaren Mysterium des Todes. Aus verschiedenen Gründen, in verschiedenen Sprachen, aber mit ähnlichen Ritualen beteten zu genau demselben Zeitpunkt Mil-

lionen Menschen, von der gleichen Hoffnung beseelt, zu demselben Unbekannten, dem sie verschiedene Namen gaben.
Ich stand im Hochland Kenias in der zunehmenden Dunkelheit und fühlte mich dem lateinischen Gemurmel in den Kirchen meiner Kindheit näher als je zuvor in meinem Leben.
Om. Das Echo verklang, schwebte zwischen den Flügeln der Regenpfeifer auf ihrem nächtlichen Flug, die mit ihren Stimmen einen Hagel Pfeile gen Himmel sandten. Das Feuer loderte hoch auf, vom Wind geschürt. Ich berührte beide Baumstämme in einer langen Liebkosung. Der weiche gelbe Flaum der Fieberakazien, die auf Emanueles und Paolos Grab wuchsen, hatte die Wärme der Sonne wie ein menschlicher Körper gespeichert.
Sveva und ich gingen Hand in Hand zurück.
Im Fischteich spiegelte sich der Halbmond. Zwischen den Papyrusstauden, wo sich die kleinen silberglänzenden Baumfrösche verstecken und ihre dünnen Hälse wie Seifenblasen aufblähen, wenn sie ihr glockenhelles Trillern erklingen lassen, regte sich nichts. Wir suchten das stille glatte Wasser mit unserer Taschenlampe ab, doch wir konnten die Goldfische nicht sehen, die sich träge unter die Seerosen, unter den Teppich aus Schwimmfarn geflüchtet hatten. In dieser Nacht wirkte der Fischteich seltsam still.
Wir gingen ins Haus zurück, wo im Kamin ein anderes Feuer entfacht worden war.
Früh am nächsten Morgen gingen Sveva und ich, noch im Morgenrock, brennend vor Neugier, nach draußen, um nachzusehen.
Nichts schien sich in der Nacht verändert zu haben. Schon von weitem konnten wir die Holzschale am selben Platz zwischen den Ästen der kleineren Fieberakazie erkennen.

Ich setzte Sveva auf mein Hüfte, so daß sie gleichzeitig mit mir hineinsehen konnte. Kleine Pharaoameisen kletterten eifrig durch die flauschige Rinde. Oben in den verschlungenen Ästen, die die Morgensonne filterten, saß ein Star und flog davon. Wir schauten mit angehaltenem Atem in die Schale.
Sie war leer.
Wir gingen schweigend zurück, wagten nicht unsere Gedanken, die keine Antworten parat hatten, in Worte zu fassen. Sveva warf einen Bissen von ihrem Frühstückstoast in den Fischteich. Eine alltägliche Geste. Das Brot brachte das schwimmende Unkraut in Bewegung, mit jeder Kräuselung des Wassers schwankten die blauen Lotosblumen, doch weder Fische noch Frösche huschten vom Teichboden nach oben, um sich das Futter zu schnappen. Das Brot blieb unangetastet. Alles Leben schien aus dem Fischteich gewichen. Es war verwirrend. Ich suchte nach einem der Gärtner, um zu fragen, ob vielleicht Ibisse oder Störche die Fische gefressen hätten.
Ich begegnete einem *shamba*-Boy, aber der hatte keine gesehen.
Es war dunkel, als wir an demselben Abend nach einem langen Jagdausflug mit dem Wagen voller Gäste und Freunde zurückkamen. Wir sprachen gerade über die Gruppe Paviane, die immer auf den höchsten Bäumen bei Marati Ine saßen, direkt über einem vermoderten Stamm, wo Emanuele seine erste Kobra gefunden hatte. Die Gärtner warteten vor dem Haupttor. Ich hielt an, um zu fragen, was los sei.
»*Bunduki*« (Ein Gewehr), sagte Francis.
»*Ulikwa nataka kuomba askari na bunduki kuua Nyoka.*« (Wir möchten um Erlaubnis bitten, einen Wachmann mit einem Gewehr zu rufen, der die Schlange tötet.)

Ich hatte ein Gefühl, als sträubten sich mir die Haare im Nacken, ein Gefühl, als hätte ich in eine unbekannte Tiefe geblickt und einen vertrauten, jedoch nicht zu enträtselnden Zusammenhang entdeckt.
Ich stellte den Motor ab, und alle lauschten gespannt.
»Was für eine Schlange?«
»*Ile ya jana ausiku. Ulikwa kwa kaburi. Ulingia magi ya samaki.*« (Die, die letzte Nacht gekommen ist. Wir haben sie an den Gräbern gesehen, aber sie ist im Fischteich verschwunden.)
Das erklärte die unheimliche Stille.
»Was für eine Schlange?«
Ich hatte Mühe, meine Stimme unter Kontrolle zu halten.
Sheelah hatte uns gesagt, um welche Schlange es sich handelte. Die Schlange, die Shiva geweiht ist, die tödlichste, die heiligste von allen.
»*Kiko*«, sagte Francis. Eine Kobra. Seine Stimme senkte sich, und er murmelte ehrfürchtig: »*Lakini sisi badu kuona engine kama yeye hapa. Ile kubwa. Ile nasemamisa juu.*« (Aber so was haben wir hier in der Gegend noch nie gesehen. Es ist die große Kobra. Die, die sich ganz gerade aufrichtet.)
Die riesige Waldkobra. Die Königin unter den Kobras. Die heiligste von allen.
»Mama!« rief Sveva in das wartende Schweigen. »Sheelah hat es dir doch gesagt. Wir müssen es ihr erzählen. Es hat funktioniert. Das Mantra hat funktioniert. Emanuele geht es jetzt gut.«
»*Akuna bunduki*«, sagte ich leise. »*Wacha hio nyoka. Yeye alikuja, na yeye taenda, kufuata ingia ya Mungu yake.*« (Laßt die Schlange in Ruhe. Sie wird wieder gehen, wie sie gekommen ist, und sie wird sich und ihrem Gott treu sein.)
Am nächsten Morgen gingen Sveva und ich zum Fischteich. Webervögel flogen ein und aus und rissen geschäftig den

Papyrus für ihre Nester in Stücke. Mücken schwebten in einer kleinen Wolke, und Libellen schossen mit ruckartigen Bewegungen von einer zartgelben Seerose zu einer blauen. Als Sveva ihre Brotkrumen hineinwarf, stiegen plötzlich Dutzende Fische in allen Größen vom schlammigen Teichboden nach oben und kämpften um die tanzenden Bissen.

Die Kobra war verschwunden. Die Seele konnte Ruhe finden.

Elefantenballade 15

Für Seine Königliche Hoheit
Prinz Bernhard von den Niederlanden

Die Erkenntnis, daß ein Lebewesen
einer anderen Spezies von seinen Art-
genossen bedroht wird, und das
Bemühen, dieses Lebewesen zu retten,
seine Angreifer zu vertreiben und es
in Sicherheit zu bringen, sind Denk-
prozesse ... und diese implizieren
aktives Mitgefühl und noch andere
höchst sensible Emotionen.
IVAN T. SANDERSON

Von seinem Atem sagt man,
er heile den Kopfschmerz des Menschen.
CASSIODORUS

Der Mann humpelte an zwei primitiven, aus Ästen bestehenden Krücken auf mein Auto zu. Er trug einen lockeren Turban, und die fiebrigen Augen in seinem hohlwangigen Gesicht blickten mich durchdringend an.
»*Jambo!*« sagte er mit zitteriger Stimme zu mir.
»*Jambo memsaab. Mimi ni ile ulikufa mwaka hi. Unakumbuka mimi? Ulitembelea musijana yako na ngamia.*« (Ich bin der, der dieses Jahr gestorben ist. Erinnern Sie sich noch an mich? Ich habe Ihr kleines Mädchen immer auf den Kamelen reiten lassen.)

Natürlich erinnerte ich mich an ihn. Er hieß Borau und war ein Kameltreiber vom Stamme der Boran, der jahrelang für uns auf Laikipia gearbeitet hatte. Tag für Tag hütete er die Kamele, und oft war er nach Kuti gekommen, wo er Svevas Kamel am Zügel führte, als sie im Alter von vier oder fünf Jahren Spaß am Kamelreiten bekam. Er redete ohne Unterlaß mit seinen Kamelen in der uralten Kamelsprache, die über Generationen hinweg entstanden ist in der engen Beziehung zu diesen seltsamen Geschöpfen, die als wertvollste Nutztiere Afrikas für das Überleben des Boran-Stammes und der verwandten Somali von entscheidender Bedeutung sind.

»*Toh-toh galla.*« Und das Kamel knickte in den Knien ein und legte sich.

»*Oh. Ohohoh oh galla.*« Und das Kamel setzte sich in Bewegung.

»*Ahiaeh ellahereh.*« Und das Kamel trank.

»*Kir-kir-kir.*« Und das Kamel trabte schneller und schneller – und so weiter.

Tag für Tag machte sich Borau bei Sonnenaufgang auf den Weg, um seine Herde auf das Weideland zu führen. Bis er eines Tages dem Elefanten begegnete.

Ein Morgen im September wie jeder andere Septembermorgen: tiefes Rosarot am Himmel und die Stille der Morgendämmerung; schwarze Silhouetten gegen den Horizont, scharf konturierte Akazienbäume, schwatzende Vögel in den *lelechwa*-Sträuchern und eine gelbe Sonne, die rund und flammend aufsteigt und einen sengendheißen Tag ankündigt.

Die Kamele hatten geduldig gewartet; mit dem schabenden Geräusch ihrer langen, abgenutzten Zähne wiederkäuend, lagen sie auf wulstigen Knien und beobachteten unter traurigen Augenwimpern die morgendliche Betriebsamkeit im *boma.* Eine Tasse heißen Gewürztee, um den Schlaf zu vertreiben, eine kleine Schüssel saurer Kamelmilch; anspornende Zurufe, und schon waren sie unterwegs mit dem Kamelstab, der fest über Boraus Schultern lag. Heute sollte es nach Marati Mbili gehen.

Borau liebte seine Arbeit. Er kannte nichts anderes, als vor oder hinter seinen Kamelen herzugehen. Dabei paßte er seinen leichtfüßigen Gang ihrem Rhythmus an und sah ihnen seltsam ähnlich mit seinen gemächlichen, langen Schritten, den dünnen Beinen mit den starken Gelenken, die wie geschaffen schienen für seine endlose Wanderschaft. Die großen weichen Füße der Kamele wirbeln keinen Staub auf und hinterlassen nur einen sauberen runden Abdruck, dem Schatten eines Blattes ähnlich. Er kannte ihre Lieblingsweiden, wußte stets, was sie brauchten, wie alle Hirten, die ihr Leben dem ihrer Tiere anpassen. Die Kamele waren seine eigentliche Existenz.

Es war der Tag, an dem die Kamele getränkt werden sollten, und Borau beschloß, sich in dem *marati* zu waschen. Die Kamele tranken zuerst. Angetrieben von dem »Lied des Wassers«, einem uralten kraftvollen Klagegesang, so alt wie das Bedürfnis zu trinken, reckten sie ihre Hälse in die Tröge.

»*Hayee helleree, oho helleheree.*«

Gleich nachdem sie getrunken hatten, fingen die Kamele an zu grasen, knabberten mit tastenden Lippen an nahen Büschen, füllten ihre wählerischen Mäuler mit *carissa*-Blättern. Die Sonne stand mittlerweile höher, und Borau legte seine *shuka* und den Turban ab, um sich zu waschen.

Genau in diesem Moment fing das große Kamel, das von einem Löwen übel zugerichtet worden war, ein werbendes Geplänkel mit einer Artgenossin an, wurde jedoch sofort von dem brünstigen Kamel der Herde unterbrochen. Das große Leittier tauchte mit furchterregenden Gurgelgeräuschen hinter ihm auf und jagte ihn wütend davon. Das jüngere Kamel brach mit beängstigender Geschwindigkeit durch die Büsche und war augenblicklich verschwunden. Es ist erstaunlich, wie unvermittelt und vollständig der afrikanische Busch ein Tier verschlucken kann. Ein leichtes Zittern der Blätter, wenn sich die Sträucher wieder schließen und zur Ruhe kommen wie kleine Wellen, die verebben, nachdem ein Stein ins Wasser gefallen ist. Ein kleines Staubwölkchen in der Luft, ein durchdringender Geruch; plötzlich angehaltener Atem; vielleicht die Ahnung eines Schattens, der so schnell davonjagt, daß wir ihn nicht klar ausmachen können: Nur die voraneilenden Fußspuren in der Mitte des Weges beweisen, daß gerade eine Tierherde vorbeigezogen ist.

Borau rannte hinter seinem Kamel her und zog sich im Laufen wieder an. Er fand die runden Fußabdrücke, verlor sie aber rasch wieder in einem wilden Durcheinander frischer Elefantenspuren an einem schlammigen Wasserloch. Er suchte und forschte vergeblich; die zahllosen Elefantenfährten deuteten darauf hin, daß irgendwo in der Nähe eine große Herde sein mußte, und verwischten jede andere Spur. Es war klüger, wieder zu den Kamelen zurückzukehren und sie zu beruhigen, damit sie nicht in Panik gerieten und sich in alle Richtungen zerstreuten.

An den Fährten konnte er ablesen, daß die Elefanten jetzt vor ihm sein mußten. Nicht, daß ihm das etwas ausmachte. Borau war daran gewöhnt. Er mußte nur auf der Hut sein, daß er nicht in ihre Windrichtung geriet, sonst würden sie seine Witterung aufnehmen und unruhig werden. Er mußte sich leichtfüßig bewegen, kaum den Boden berühren wie eine Antilope.

Bald erblickte er die Hinterteile von zwei Elefanten, die nur

Der kleine See in Maji ya Nyoka
(Lissa Ruben)

Kuki mit Kamel

Sveva reitet auf einem Kamel
im Amaya-Tal

Osman mit der Kamelmutter und ihrem Baby

Borau erzählt von seinem Abenteuer

Emanuele in der Schlangengrube in Kuti

Emanuele mit einer speienden Kobra

Emanuele mit einem großen Python

In die Ferne. Das letzte Foto von Emanuele

Sveva bei den Gräbern

Sveva und Wanjiru

Sveva an ihrem achten Geburtstag
(Bobbi Voit)

Der Tangajikasee: kurz vor der Ankuft
im Mahali Mountain's Camp

Emanuele in der Zauberbucht

wenige Schritte vor ihm aus dem Salbei auftauchten. Er bewegte sich vorsichtig hinter ihnen, alle Sinne angespannt, um sie nicht aufzuschrecken.
Von der Elefantenkuh, die ihm leise folgte, sah und hörte er nichts, bis es zu spät war.
Ein instinktiver Blick über die Schulter, ein großer schwankender Schatten, der einen Augenblick lang die Sonne verdunkelte, der durchdringende Geruch nach reifem Dung und Heu, heißer Atem, der ihm auf Nacken und Schultern blies. Der Blick aus einem gelben Auge, nur wenige Fuß von ihm entfernt, fixierte ihn. Große graue Ohren schlugen gegen graue Schläfen. Der ausgestreckte Rüssel bog sich nach oben und ließ lange Stoßzähne sehen. Die furchtbare Erkenntnis, daß der Elefant hinter ihm her war und daß es kein Entrinnen gab.
In panischer Angst krampfte sich sein Herz zusammen, und Borau stürzte davon.
Ohne einen Laut von sich zu geben, setzte das Tier ihm nach. Es war eine hochträchtige Elefantenkuh, jung genug, um rasch und behende ein tödliches Tempo zu erreichen, alt genug, um sich zu erinnern, daß der Mensch die einzige Gefahr für den Elefanten darstellt. Alt genug, um vielleicht schon einmal von Wilderern in einen Hinterhalt gelockt worden zu sein und die Schmerzensschreie und den Blutgeruch ihrer getöteten Gefährten unauslöschlich in Erinnerung zu haben.
Es ist bekannt, daß die Elefantenkuh kurz vor und nach der Niederkunft übervorsichtig und häufig reizbar und aggressiv wird.
Borau rannte um sein Leben. Er achtete nicht auf Dornen und Zweige, die seine Kleidung zerrissen. Schweiß lief ihm in die Augen und nahm ihm die Sicht. Und noch während er lief, wußte er, daß er gleich sterben würde.

Er dachte an ein schlankes Mädchen mit samtenen Augen, die lachend unter dem Kopftuch hervorblickten, an die Schüssel mit Kamelmilch, die in der kühlen Morgenluft dampfte, an den Ruf eines Kindes, das auf ihn zugelaufen kam, den hohlen vertrauten Klang der Kamelglocke. Die unerreichbaren einfachen Dinge seines verlorenen Lebens.
Die Erde vibrierte, erschüttert von den Elefantenfüßen und dem hämmernden Schlag seines Herzens. Verzweifelt spähte er um sich nach einem Ort, wo er sich verstecken, einem Baum, auf den er klettern könnte. Es gibt keine Bäume im *lelechwa*-Dickicht. Das erbarmungslose, undurchdringliche *lelechwa* machte jetzt einem offenen *mbogani* Platz, das mit Wurzeln und Zweigen übersät war. Er blieb mit dem Fuß hängen und fiel mit dem Gesicht nach vorn auf die harte Erde, die Nase in den Staub gepreßt. Mit einem Ruck rollte er sich herum und sah nach oben. Der Elefant war über ihm.
Völlig lautlos sank die Elefantenkuh neben ihm auf die Knie, und mit einer einzigen Bewegung hob sie ihre Stoßzähne und schlug sie in sein Bein.
Die Stoßzähne hatten die Farbe von Butter, waren aber hart wie Speere, und sie durchbohrten seinen Schenkel wie Butter. Das Knacken brechender Knochen klang wie das Knacken eines Astes.
Kein Schmerz. Sein Bein wurde taub.
Die Elefantenkuh richtete sich auf, ragte über ihm in die Höhe und betrachtete seinen sich windenden Körper, als ob sie sich vergewissern wollte, daß er ihr nicht mehr schaden konnte. Langsam, entschlossen hob sie den Fuß über ihn. Er schrie.
Erschreckt von dem seltsamen Geräusch erstarrte sie, der Fuß zögerte, und in diesem Moment erkannte Borau seine

Chance. Er fing an zu flehen. Wenn Kamele die Sprache verstanden, warum dann nicht auch Elefanten?
»*Hapana. Hapana, ndovu. Wacha. Kwenda. Akuue mimi, tafadhali akuue rafiki yako.*« (Nein. Nein, Elefant. Laß mich. Geh weg. Töte mich nicht. Bitte, töte deinen Freund nicht.)
Hatte die Elefantenkuh je zuvor menschliche Stimmen gehört? Der neue Klang drang in ihre aufgestellten Ohren und verwirrte sie mit einer neuen Tonlage. Sie schien zu lauschen. Die großen Ohren klappten ein-, zweimal vor und zurück. Der Fuß näherte sich seinem schutzlosen Gesicht, aber er verletzte es nicht. Er hielt mitten in der Luft inne und senkte sich dann so tief, daß er es berührte.
Borau war zu entsetzt, um sein Gesicht mit den Händen zu schützen. Doch der Zehennagel des Elefanten verfing sich in seinem Turban und löste ihn. Der Stoff verschob sich und bedeckte Boraus Augen. Der Fuß schwebte bedächtig über ihm und glitt dann sanft über seinen ganzen wimmernden Körper. Auf Kopf und Brust stockte er tastend. Der schwere Fuß streifte ihn. Borau konnte jetzt die Furchen sehen, die sich im Laufe Abertausender von Wegmeilen über Dornen und Steine in seine Sohle gegraben hatten. Der Fuß tastete ihn mit erstaunlicher Zartheit ab, als ob die Elefantenkuh den Klang seiner vor Schmerz und Furcht ächzenden Stimme verstehen könnte.
Nach einer Weile machte sie einen Schritt rückwärts, und Borau, der jetzt zuversichtlicher geworden war, wedelte mit den Händen und rief mit letzter Kraft laut den Befehl, mit dem er seine Kamele antrieb: »*Kir-kir, kir-kir.*« (Lauf schnell. Lauf schnell.) Er schrie immer lauter.
Die Elefantenkuh warf ein paarmal den Kopf hin und her, als ob sie das Geräusch abschütteln wollte. Sie trampelte um ihn herum und hob die Füße hoch aus dem Staub. Dann wandte sie sich ab und raste trompetend davon.

Nur die Zikaden blieben und erfüllten die plötzliche Stille mit ihrem unermüdlichen Gesang.

Ein pochender Schmerz setzte ein, Boraus Mund war ausgetrocknet, sein Bein naß von Blut und Urin. Er versuchte sich zu bewegen und dorthin zu kriechen, wo er die Straße vermutete. Aber es ging nicht.

Vielleicht würde den Leuten im Lager auffallen, daß er nicht zurückkam. Bei Anbruch der Nacht würden sie kommen und nach ihm suchen und ihn finden. Aber bei Anbruch der Nacht würden auch die Hyänen kommen und die Löwen und die kleinen Schakale mit dem silbrigen Rücken und dem gefräßigen Maul. Er wußte, daß kein Schaf oder Rind den Raubtieren entging, wenn es sich verirrt hatte und die Nacht außerhalb der *boma* verbrachte.

Der Geruch des Blutes, der Geruch der Angst würden sämtliche Aasfresser anlocken. Es war seltsam, daß noch keine Geier aufgetaucht waren. Nur die furchteinflößende Gegenwart des Elefanten konnte sie abgehalten haben, aber er wußte, es würde nicht mehr lange dauern. In Afrika sind immer Geier unterwegs, die hoch oben, nahe der Sonne, kreisen und mit ihren teleskopischen Augen die Ebene nach einem sterbenden Tier absuchen.

Die Geier würden im freien Fall schnell wie Bomben aus dem Himmel herabstürzen, auf einem Ast landen und ihre Flügel anlegen. Erst einer, dann noch einer und wieder einer, bis sämtliche Bäume schwarz von ihnen wären und ihre unheilvollen Geräusche die Luft erfüllten. Sie würden dasitzen und mit der Geduld eines Totengräbers warten – und sie würden nicht lange warten müssen. Manche würden mit unbeholfenen Sprüngen näher kommen, mit den Flügeln schlagen und vor Erwartung heiser glucksen. Der widerliche Geier, der es zuallererst auf die Augen abgesehen hatte.

Boraus Kopf füllte sich mit Bildern von Tod und Grauen. Ihm wurde seine absolute Hilflosigkeit bewußt, wie er im Busch allein, verletzt, zerschmettert, bewegungsunfähig im Sterben lag, eine leichte Beute für jedes Tier der afrikanischen Nacht. Er spürte, daß sein Ende nahte. Er, der so viele Male die Malaria überstanden hatte, von hohem Fieber und Infektionen genesen und wilden Tieren entronnen war... War es wirklich Allahs Wille, daß sein Weg so zu Ende gehen sollte?
An den veränderten Geräuschen des Busches erkannte er, daß die Sonne unterging, die Sonne, die er jeden Morgen begrüßt und zu der er jeden Abend gebetet hatte. Er versuchte, mit Allah zu reden. War Gott dem *lelechwa*-Land so fern?
Er betete um Gefährten, um irgendeine Gemeinschaft. Und bald merkte er, daß Gott ihn erhört hatte und er nicht mehr allein war.
Allmählich spürte Borau durch den Nebel seiner tiefen Verzweiflung eine fremde Gegenwart in seiner Nähe. Sie versammelten sich leise, nur das Geräusch eines brechenden Astes, ein Magengluckern, Schlurfen, ein tiefer Atemzug und Blätterrascheln verrieten sie. Sie bewegten sich ungewöhnlich geräuschlos, und sie kamen auf ihn zu. Ihre großen Füße stampften nicht fest auf den Boden. Sie wateten mit großer Leichtigkeit und der Ruhe furchtloser Geschöpfe durch den Busch, und bald überschatteten ihn die riesigen grauen Gestalten. Und Borau begriff ohne Angst, daß die Elefantenherde zurückgekommen war.
Sie hatten aufgehört zu fressen, um zu beobachten, was da vor sich ging; jetzt kamen sie neugierig und ohne Scheu, um zu sehen, was das war, dieses kleine zitternde Tier auf der Erde.
Zuerst kamen die Jungen, beschützt von den Herdenmüt-

tern. Sie rannten auf ihn zu, die Ohren aufgestellt, und blieben nur wenige Schritte von ihm entfernt stehen, um ihn mit aufmerksamen Augen zu betrachten. Dann kam, einer nach dem anderen, die ganze Herde näher, bis sie alle um ihn herum standen und zuschauten.

Mit fiebrigen Augen sah Borau zu den Elefanten auf, wie sie zu ihm herabsahen. Er blickte in ihre gelben Augen, die ihn mit gutmütiger Aufmerksamkeit prüften, und er spürte, daß sie ihm nichts tun würden. Im Gegenteil, auf unerklärliche Weise wußte er, daß sie ihn vor den Gefahren der Nacht beschützen wollten und daß kein Raubtier es wagen würde, sich ihm zu nähern, solange sie da waren.

Sie blieben sehr lange still bei ihm stehen, als ob sie ihn erforschten, und die ganze Zeit über redete Borau mit ihnen. Sie hatten die Köpfe zu ihm gesenkt, die Ohren aufgestellt und schienen der universalen Sprache von Schmerz und Unterwerfung zu lauschen.

Ein Rüssel hob sich, streckte sich, langte zu ihm hinunter; dann noch einer; zögernd, ihn beschnuppernd und abtastend wie die liebevolle Hand eines fürsorglichen Freundes, berührten sie ihn alle mit den Rüsseln. In lautloser Stille untersuchten sie ihn, behutsam, bedächtig, als ob sie ihn beruhigen wollten.

Mittlerweile war die Nacht hereingebrochen, mit dem Ruf der Perlhühner, mit Heuschrecken und Baumfröschen und nächtlichen Schreien. Stillen Wächtern gleich, fingen die Elefanten an, um ihn herum nach Nahrung zu suchen. Dann und wann kehrten sie alle zurück, um ihn zu streicheln. Sie fraßen, sie kamen und sahen nach ihm, als ob sie sich selbst vergewissern wollten, daß er noch da und alles in Ordnung sei, und als ob sie ihm die Gewißheit geben wollten, daß sie da waren, um ihn zu beschützen.

Die Zeit verstrich langsam. Borau lag zusammengekrümmt

im kühlen rauhen Gras, vom Fieber und Schock geschüttelt, halb bewußtlos, aber mit dem Gefühl völliger Sicherheit in ihrem mächtigen Schutz.
Sie warteten dort bei ihm, während die Nacht verging; und wer weiß, wie lange sie noch gewartet hätten. Auch als das Geräusch eines Motors die Dunkelheit durchdrang, warteten sie noch, wachsam jetzt, die Köpfe erhoben, um den Wind zu riechen, bereit, vor dem einzigen Tier zu fliehen, das sie fürchteten. Autoscheinwerfer und menschliche Stimmen durchdrangen die Nacht, der Motor dröhnte jetzt lauter, rollende Räder bogen die Sträucher beiseite.
Dann erst verschwanden die Elefanten lautlos in der Nacht, wie Delphine, die zurück ins Meer schwimmen und den schiffbrüchigen Matrosen, den sie ans Ufer gebracht haben, der Obhut eines rettenden Bootes überlassen.

Aidans Rückkehr 16

> Ich warte auf einen lieben Klang,
> das Klingeln seiner Kamelglocke.
>
> ISOBEL BURTON

Der Zauber des ostafrikanischen Hochlands entfaltet sich an den Abenden, wenn Geräusche und Farben und die ganze Atmosphäre sich verändern und plötzlich ein böiger Wind aufkommt, der Geschichten aus weiter Ferne mit sich trägt. In solchen Augenblicken meint man, es könnte alles geschehen. Während die Sonne tiefrotes Licht um sich sammelt, bevor sie untergeht, strömen unsere Erinnerungen, unsere Gebete und all die Tränen, die wir je vergossen haben, zu uns zurück und machen uns das Herz oft unerträglich schwer.

Ich wanderte dem Wind entgegen, meine Hunde liefen voraus, umsprangen mich schwanzwedelnd und fröhlich bellend. Ich ging über die Landebahn in Kuti auf die grünen, dicht mit Wolfsmilch bewachsenen Berge zu und beobachtete eine Herde Elefanten, die sich gemächlich durch den Busch auf den von Bäumen verborgenen Wassertank zu bewegte.

Die Hunde jagten alle gleichzeitig einem riesigen Warzenschwein nach, ihr wildes Gebell wurde von den länger werdenden Schatten verschluckt. Ich entdeckte einen verlassenen Ameisenhaufen, der so groß war, daß man darauf sitzen konnte. Dort hockte ich mich nieder, in mein Umhängetuch gewickelt, die Füße auf einem krummen, von den Jahren gebleichten *mutamayo*, um in mein Tagebuch zu schreiben. Ernte-Ameisen eilten mit den letzten gelben Samen des Tages in ihr Loch. Am indigoblauen Himmel leuchteten riesengroße Wolken im tiefsten Korallenrot. Der Berg Mugongo ya Ngurue hob sich schwarz gegen den Sonnenuntergang ab.

In all den Jahren war es mir zur lieben Gewohnheit geworden, meinen Abendspaziergang hierher zu machen. Allein, manchmal mit Sveva, vor nicht allzu langer Zeit mit Robin. Sein Haar hatte die Farbe des bleichen Grases bei Sonnenaufgang, und sein Lachen war frisch, aufrichtig und Balsam auf meine Wunden gewesen. Da sich unsere Wege, wie es geschrieben stand, sanft getrennt hatten, waren meine Hunde meine einzigen Begleiter – und meine tiefe Sehnsucht nach dem Mann, der sich von mir zurückgezogen hatte.

Etwa zwei Jahre nach Paolos Tod und nach einem einsamen Leben, in dem es für mich nur meine Kinder gab – Emanuele, damals noch ein Teenager, und Sveva, die nach Paolos tragischem Unfall zur Welt gekommen war –, hatte mich das Schicksal auf eine Hochzeitsfeier auf dem Lande geführt, und dort war ich ihm begegnet.

Inmitten der Menge stand hochgewachsen der Mann, den ich lieben sollte, und ich erkannte ihn. Auf seine besondere, verschwiegene Weise erkannte auch er mich. Eine Zeitlang waren wir zusammen, hörten gemeinsam Musik in meinem Zimmer, kannten unsere Gesichter bei Kerzenschein, und der Duft von Weihrauch, Liebe und frisch geschnittenen Blumen umgab uns.

Und ich kannte den aufmerksamen Blick seiner erregenden blauen Augen, die tiefe Stimme, mit der er mir Gedichte vorlas, das starke Verlangen seines Körpers, seinen ausgestreckten Arm, der mir aus dem Fenster seines weißen Wagens im grauen Licht der Morgendämmerung zuwinkte. Ich gab ihm alles, was ich geben konnte. Doch die Zeit war noch nicht reif. Er mußte gehen und ließ mich in meiner tiefen Einsamkeit wartend zurück, doch eigentlich hatte er meine Tür aufgeschlossen, denn er hielt schon damals und für alle Ewigkeit den Schlüssel zu meinem verborgenen Ich in seinen Händen.

Ich vermißte Aidans männliche Gegenwart, seine tiefe Stimme und die forschenden Augen, die Poesie und unerklärliche Faszination des einsamen Nomaden und echten Pioniers, der sich allein auf den Weg macht und dem die wilde Natur vertraut ist. Aidan fürchtete sich nicht im Busch, denn er kannte und liebte die Wildnis der ungezähmten Tiere, der fremdartigen Pflanzen und der Pfade, die noch kein Mensch betreten hatte.

Ich vermißte ihn mit einer Sehnsucht, für die ich keinen Namen wußte, mit einer Geduld, die für mich ganz untypisch war, und mit einer maßlosen Treue. Ich wartete jahrelang auf den Augenblick, in dem er wiederkommen würde. Abend für Abend, wenn ich in Laikipia war, ging ich diese Landebahn hinauf, von einer einzigen Hoffnung erfüllt. Wenn doch meine Sehnsucht eine magnetische Kraft ausüben könnte, dann würde sie ihn bestimmt zurückholen. Wenn es soweit war, würde ich bereit sein.

Ich lauschte auf alle Geräusche, die in jeder afrikanischen Nacht zu hören sind. Perlhühner und Ziegenmelker, das Heulen von Hyänen in der Ferne, ein schwaches Muhen von Rindern, die hinter dem Berg von Kuti in eine unsichtbare boma getrieben wurden. Die Elefanten waren wie immer die größten und ruhigsten von allen. Nur ein zerbrochener Ast und gluckernde Magengeräusche verrieten ihre Nähe.

Am Horizont ging ganz allmählich ein silberglänzender Mond auf.

Ich wartete in aller Ruhe auf die freundliche Dunkelheit,

und in mir breitete sich tiefer Friede aus. Meine Hunde waren zurückgekommen und umringten mich schützend mit ihren warmen hechelnden Körpern. Um mich herum Stille. Von der Spitze des Termitenhügels aus konnte ich ohne Furcht Ausschau halten.
Plötzlich erklang hinter den Baumwipfeln an dem noch immer perlfarbenen Himmel ein Geräusch. Es hörte sich an wie das ferne Summen eines hartnäckigen Insektes, kam rasch näher und wurde in der Stille der magischen Stunde immer lauter.
Ich wußte sofort, was es war, und im gleichen Augenblick sah ich es auch schon. Ein kleines weißes Flugzeug näherte sich aus östlicher Richtung, schwebte am Himmel, flog tief über die Bäume, glitt über die dunkelnden Berge und kam direkt auf mich zu.
Es war gefährlich, mit einer so kleinen Maschine um diese Zeit noch zu fliegen. In wenigen Minuten würde es dunkel sein, und ein kleines Flugzeug konnte nirgendwo in den düsteren Schluchten und Tälern des ostafrikanischen Grabens landen, es sei denn ... Ich stand langsam auf, und alle Hunde mit mir.
Wieder trieb der Wind das Geräusch davon, und da war es, flog kreisend über dem Berg von Kuti in Richtung Nagirir, tiefer, viel tiefer, die weißen Flügel ausgestreckt wie ein Vogel, der heimwärts fliegt. Noch ehe ich einen klaren Gedanken fassen und die wogenden Gefühle und das wilde Pochen meines Herzens beruhigen konnte, setzte es auf und landete in einer Staubwolke.
Unsicher ging ich bis zur Mitte der Landebahn, zurück in das silberne Mondlicht. Das Flugzeug schimmerte im letzten Glanz der Abenddämmerung, wendete, fuhr auf mich zu und hielt an. Ich schirmte meine Augen ab und ging mit klopfendem Herzen langsam darauf zu, ohne es noch recht

glauben zu können. Jahrelang hatte ich davon geträumt, daß dieser Tag kommen würde.
Wenige Wochen zuvor hatte ich einen Brief bekommen. Er steckte in einem vergilbten alten Buch, der seltenen Erstausgabe eines autobiographischen Romans aus der Feder seines Lieblingsonkels. Die Geschichte war so packend und in einem so genialen, leidenschaftlichen Stil geschrieben, daß mir das Buch seitdem nicht mehr aus dem Kopf gegangen war. Und der Brief – der erste seit Jahren – enthielt das vage Versprechen:
»Ich spreche oft mit Dir, die Du mir immer nahe bist. Alles hat sich verändert. Eines schönen Abends werde ich zu Dir kommen ... wenn Du noch willst ...«
Und da war er nun, überraschend wie immer, und landete zum erstenmal auf der Bahn, die ich damals in jenen traurigen Zeiten für ihn hatte bauen lassen, wie man es sonst nur aus Büchern kennt.
Noch bevor der große Schatten aus der Maschine sprang, rannte ich schon los.
Ich blieb ein paar Schritte vor ihm stehen: Er hatte sich kaum verändert. Eine schlanke, lebendige Statue, breite Schultern, forschende Augen in dem ernsten sonnengebräunten Gesicht mit der geraden Nase, dichtes lockiges Haar und entschlossene weiche Lippen. Er tat einen Schritt. Ich tat einen Schritt. Wir erreichten uns, und er umarmte mich, preßte mich gegen seine Brust, ohne ein Wort.
»Ich laß dich nie mehr allein«, flüsterte er an meinem Mund.
Aidan war zurückgekommen.

Auf den Fittichen des Windes 17

In Erinnerung an Tim Ward-Booth

Er schwebte auf den Fittichen des Windes.
PSALM XVIII, 11

Das Leben in Kenia – einem Land von ungewöhnlicher Schönheit, vielfältigen Möglichkeiten und grenzenloser Weite, reich an atemberaubenden Landschaften, in denen es von wilden Tieren wimmelt, mit Seen und Wüsten, Gebirgszügen und endlosen Stränden, mit Savannen, Wäldern und dem windgepeitschten Hochland – zieht außergewöhnliche Menschen an, für die Gefahren und Herausforderungen zur *safari* des Lebens gehören. Sie fliegen im Mondschein und landen in der Dunkelheit; sie jagen im dichten Busch allein nach Löwen und Büffeln oder waten auf der Jagd nach Krokodilen hüfttief in Flüssen und Seen; sie besteigen tückische Berge, erkunden zu Fuß unbekannte Gebiete, obwohl sie wissen, daß Banditen dort ihr Unwesen treiben, und Wüsten ohne Wasserstellen; sie tauchen in Gewässern, in denen es von Haien wimmelt, oder segeln mit leichten Booten auf stürmischen Meeren; sie trotzen Tropenkrankheiten wie Malaria und Gelbfieber; sie nähern sich gefährlichen Tieren, um sie zu studieren oder zu filmen. Sie suchen unbekümmert die Gefahr; und obwohl etliche darin umkommen, gelingt es doch einem Teil von ihnen zu überleben.

Doch für viele dieser Menschen, wie auch für einige, die ein eher konventionelles Leben führen, endet das Abenteuer

einfach auf einer Straße, mit einem Lastwagen, der nicht bremst.
Kenias Teerstraßen sind berüchtigt für ihre Unsicherheit, denn auf ihnen sind schrottreife Autos und unverantwortliche Fahrer unterwegs, die unter Mißachtung der Verkehrsregeln mit Höchstgeschwindigkeit fahren und Chaos und Tod zurücklassen. Die weitaus gefährlichste Strecke ist die Straße nach Mombasa, wo Jahr für Jahr Hunderte von Menschen bei schrecklichen Unfällen zu Tode kommen. Die meisten hätten vermieden werden können. So starb Paolo, und so starben Dutzende von Menschen, die ich gekannt habe.
Einer davon war Tim.

Wenn ich an Tim denke, jetzt, da seine Zeit auf Erden vorüber ist und sein Leichnam auf einem Berggipfel ruht, der auf die Wüste an der Nordgrenze Kenias blickt, und er dem Himmel so nahe ist wie zu Lebzeiten, erinnere ich mich an das Geräusch seines letzten und meines ersten Hubschraubers.
Es ist Jahre her, kurz nachdem wir uns kennengelernt hatten, daß er mit mir in das Dunkel der Mukutan-Schlucht flog.
Der ohrenbetäubende Propellerlärm eines Hubschraubers erinnert mich an ein zappelndes riesiges Insekt, das mit schlagenden Flügeln ein letztes Mal verzweifelt zu fliegen versucht. Trotz des Lärms klang seine Stimme klar und tief: »Bist du bereit?«
Er hatte sich mir lächelnd zugewandt. Ich bemerkte die Locken, die sein offenes Gesicht umrahmten, die attraktiven männlichen Züge, die römische Nase, die an Paolo erinnerte.
Seine Augen hatten, wie die Augen aller Piloten, etwas

Eigentümliches: Sie waren eindringlich und doch ruhig und strahlten die Unberührtheit und Reinheit des Raumes über den Wolken aus, unendlich weit entfernt von der verschmutzten Welt der gewöhnlichen Lebewesen da unten.

Tim besaß diese Aura, die ich nur bei Männern erlebt habe, an die man sich noch erinnert, wenn das Echo ihrer Schritte in den Korridoren der Zeit schon lange verklungen ist. Männer, die nicht lange leben. Von denen man sich nicht vorstellen kann, daß sie alt werden.

Zugleich liebenswürdig und reserviert, stark und doch sanft, war er ein Mensch, der augenblicklich Respekt verlangte. Er sprach nicht viel. Er ging zielstrebig und leichtfüßig auf seinen langen, schlanken Beinen, die Haut von der Äquatorsonne goldgebräunt.

Ich sah aus dem konvexen Glasfenster auf die nackten, mit Aloen und dorniger Wolfsmilch bewachsenen Felsklippen und hinunter auf den dichten Teppich aus Palmenwipfeln und Feigenbäumen, der den Grund der Mukutan-Schlucht bedeckt. Seit Jahren hatte ich die Tiefen dieser Schlucht erkunden wollen, die für den Menschen unzugänglich sind und in die nur Adler und Geier und waghalsige silbrig glänzende Hubschrauber gelangen.

Die Chance bot sich, kurz nach Emanueles Tod, als Robin in mein Leben getreten war. Er arbeitete damals an einem Abenteuerfilm mit, der im Dschungel gedreht wurde. In einer Szene sollte ein Hubschrauber bei Nyahururu, den früheren Thomson-Fällen, etwa vierzig Meilen von Ol Ari Nyiro, abgeschossen werden. Tim war der Hubschrauberpilot. Ich besuchte die Dreharbeiten, und am Abend lud ich Tim ein, über Nacht bei mir und Robin in Laikipia zu bleiben. Und ich bat ihn, uns in die Mukutan-Schlucht zu fliegen. Er willigte augenblicklich ein, und los ging's.

Ich war bereit.

Ich nickte, das Herz schlug mir bis zum Hals, Hitze schoß mir ins Gesicht, kurz bevor wir im Sturzflug hinabtauchten, eingeschlossen in dieser wenig vertrauenerweckenden Metallmaschine, die ein Geräusch machte wie eine hysterische Libelle.
Ich sah auf Robins Hinterkopf. Er saß vorn. Sein Nacken verhärtete sich vor Anspannung, Schweiß rann in sein blaues Hemd.
Die zerklüfteten und glatten Felswände waren so abschüssig, so gnadenlos steil. Nur Tims Geschicklichkeit, die er in den Jahren perfektioniert hatte, in denen er am Falkland-Krieg teilnahm, konnte uns durch die engen Korridore bringen, und auf einmal hatte ich überhaupt keine Angst mehr. Tim bildete eine Einheit mit seiner Maschine, beherrschte sie mit vollkommener Leichtigkeit und flog sie so gleichmäßig, wendig und präzise wie der Vogel, den ich einmal auf den Seychellen voller Staunen beobachtet hatte, wie er auf einem dünnen, schwankenden Baumwipfel saß.
Tim konzentrierte sich auf die Instrumente. Sein klassisches Profil wirkte ruhig und zeitlos wie die Porträts von Kriegern, die auf römische Münzen geprägt sind. Seine Augen verengten sich, und wir stürzten an den nackten rosa und grauen Steinwänden vorbei auf die buschigen Baumwipfel 1000 Meter unter uns zu. Ich empfand die gleiche Mischung aus Hochstimmung und Furcht, physischer Erregung und psychischer Freude, wie man sie als Kind verspürt, wenn man zum erstenmal in rasender Schußfahrt die höchste und steilste Rutschbahn im Lunapark hinuntersaust.
Das grüne Laub war plötzlich allzu nah, wischte beinah am Kiel entlang. Ein paar Sekunden lang streiften wir vorsichtig die Baumwipfel, wie ein Vogel, der nach einem sicheren Ast sucht, um sich niederzulassen. Dann glitten wir horizontal über den engen Talgrund, unterhalb von Wasserfällen, ver-

schlungenen Lianen und wuchernden Drazänen, Affen und Adlern und ruhigen, unberührten Teichen. Und wieder schossen wir zum Gipfel des Cañons empor, wo Granitblöcke seit Tausenden von Jahren über die Stille und die Geheimnisse wachen, die nur die Geschöpfe Afrikas kennen.

Wir tauchten aus der Schlucht auf und befanden uns plötzlich in einer anderen Welt, der windgepeitschten Welt des Hochlandplateaus, in der grenzenlosen Weite der Bergketten von Jaila ya Nugu, Nagirir, Kurmakini, Mlima ya Kissu und des vertrauten, geliebten Vorgebirges Mugongo wa Ngurue.

Die Sonne verschwand über dem Tal, und die Dunkelheit breitete sich rasch auf den Bergen aus. Wir hatten dicht über dem Busch in einem steilen Winkel abgedreht. Ein paar wütende Elefanten stoben auseinander, während die Büffel wie angewurzelt auf ihren stämmigen Beinen stehenblieben und ausnahmsweise einmal eher verdutzt als aggressiv nach oben schauten.

Wir landeten auf meinem Rasen in Kuti. Das Personal und alle Hunde waren in einiger Entfernung zusammengelaufen, um staunend und in ehrfürchtiger Scheu zuzusehen, wie das Flugobjekt von einem anderen Stern in der Abenddämmerung landete. Sie machten Luftsprünge, klatschten und lachten, als sie feststellten, daß es Robin und ich waren, die da aus der Maschine stiegen und mit windzerzausten Haaren liefen. Tim kam hinterher.

Und er lachte fröhlich.

Der Nachmittag in Lewa Downs kam Jahre später. Diesmal stand ich neben Aidan. Tim war sein Cousin. Die Szene war unwirklich, die Schönheit Afrikas und das Pathos erschienen dramatischer denn je.

Im Mittagsdunst fuhren Autos jeden Typs hintereinander zum Gipfel des Berges hinauf. Sie parkten in ordentlichen Reihen, direkt unterhalb der vier Militärhubschrauber, die auf dem grasigen Abhang fehl am Platze wirkten. Schweigend stiegen Menschen aus und gingen zu Fuß zum Gipfel hinauf, wo ein halbes Dutzend afrikanischer *askari* in khakigrünen Uniformen in einer Reihe Aufstellung genommen hatten und ihre Gewehre präsentierten, tiefe Trauer in den ruhigen Gesichtern. Die Röcke und Haare der Frauen bewegten sich im leichten Wind, und am klaren, wolkenlosen Himmel flog ein einsamer Geier, nahe der Sonne.
Ein paar Giraffen zogen unten im Tal in aller Ruhe in den Schatten einer gelben Fieberakazie, und im Norden erstreckten sich die blaßlila Berge endlos weit bis zum Horizont.
Aus einem Geländewagen stieg eine junge schwarzgekleidete Frau. Sie war auf der Straße von Mombasa nach Nairobi unterwegs gewesen und hatte mitten auf dem Teer einen tödlich Verunglückten gefunden – der schuldige Lastwagen war verschwunden –, der Unfall war gerade erst passiert. Es war Tim. Beherzt hatte sie ihn auf den Rücksitz ihres Wagens gelegt und geradewegs ins Krankenhaus nach Nairobi gefahren. So etwas gibt es nur noch in Afrika.
Sie ging auf die weißgekleidete Dame zu, die seine Mutter war. Ich machte sie miteinander bekannt und beobachtete mit allem gebührenden Respekt, wie sie sich umarmten. Die erste Frau, die ihn lebend gesehen hatte, und die letzte. Begegnungen im Grenzbereich menschlicher Erfahrung.
So kamen dort oben auf dem Berg in Lewa Downs am Nachmittag der Beerdigung viele Menschen zusammen: Menschen, die von weit her angereist waren, um sich von Tim zu verabschieden; einige kannten sich gut, andere waren sich nie zuvor begegnet. Manche würden Freunde

werden, andere würden sich nie wiedersehen und am nächsten Morgen ihr eigenes Leben wieder aufnehmen.
Dann durchbrach ein seltsames rhythmisches Geräusch am Himmel die Stille. Ich blickte auf. Der Geier war fort, und statt dessen war da, so unerwartet wie das Einhorn der Legenden, ein neuer Hubschrauber.
Er landete auf der Bergspitze. Musik setzte ein, wie ein Klagelied. Die Türen öffneten sich. Alle Männer nahmen ihren Hut ab, und Tims Freunde traten vor, um seinen Sarg zu übernehmen. Sie trugen ihn schweigend bis an den Rand des Berges, wo sie ihn zwischen Kränzen aus Heidekraut vom Moor des Mount Kenya stellten.
Und plötzlich näherten sich mit dem ohrenbetäubenden Lärm der rotierenden Flügel, wie aus dem Nichts, zwei Hubschrauber gleichzeitig der Bergspitze. Einige Augenblicke lang, die wie eine Ewigkeit waren, verharrten sie reglos, schwebten über dem Tal, auf gleicher Höhe mit dem Sarg, und entboten ihm damit einen dramatischen Ehrensalut, während ein Mann in Uniform, dem Tränen über die Wangen liefen, den Großen Zapfenstreich spielte.

Der Ring und der See 18

> Oder rede mit der Erde,
> die wird dich's lehren.
> HIOB, XII, 8

In Colorado gibt es einen ganz besonderen Ort namens The Baca, eine riesige Ranch, die sich am Fuße der Sangre-de-Cristo-Berge erstreckt. Dort ist die Luft dünn und berauschend, die Sonnenuntergänge lang und tiefrot und das Licht golden und rein, wie ich es zuvor nur im Hochland Kenias gesehen habe.

Am Morgen kommt das Rotwild von dem schneebedeckten Berg, den man »Die Mutter« nennt, und äst unbekümmert, wie die Impalas auf dem gelblichen Grasland, das mich an die Savanne erinnert. Die Blumen sind gelb und blau und halten sich lange. Wilder Salbei, den die Indianer gern bei bestimmten Zeremonien verwenden, wächst an den Berghängen und hat das gleiche Aroma wie der *lelechwa*, der wilde Salbei, der in Laikipia am Rande des Great Rift Valley gedeiht.

Wie Laikipia, das auf den Baringo herabblickt, einen der vielen Seen, für die das Rift Valley berühmt ist, öffnet sich The Baca zum eindrucksvollen St. Louis Valley hin, wo einst ein gewaltiger See lag, der auf Nimmerwiedersehen versunken ist. Aber man spürt noch immer die Nähe des Wassers am Geruch des Windes, an der fast mediterranen Vegetation – den Pinien, Kakteen und Kräutern –, an dem dürren Sandgebiet, das an die Ufer eines afrikanischen Sees erinnert, und an dem Wunderwerk der Großen Sanddünen,

einer kleinen sich stets verändernden Sahara von atemberaubender Schönheit, deren flirrende Muster aussehen, als hätten die Wellen einer zurückweichenden Flut sie hinterlassen.
Der Ort war wegen seiner spirituellen Kräfte berühmt und wurde seit undenklichen Zeiten wegen seiner Heilwirkung von Indianern aller Stämme aufgesucht. Nach einem Krieg kamen sie dorthin, um das Kriegsbeil zu begraben und entsprechend ihrer jeweiligen Tradition in heiligen Zeremonien ihre Götter anzubeten.
Hier lernte ich Sheelah kennen.
Sie war eine indische Priesterin einer alten vedischen Sekte, einer von vielen religiösen Gruppen, die von den erleuchteten neuen Besitzern der The Baca willkommen geheißen worden waren, denn die Ranch sollte in großem Rahmen als spirituelles Refugium weiterbestehen und alle alten Religionen der Welt aufnehmen.
Auch meine Seele war damals, nach dem Tod meines Mannes und meines Sohnes, auf der Suche. Mit meiner kleinen Tochter, Sveva, hatte ich die Einladung von Maurice Strong und seiner Frau, Hanne, angenommen. Sie hatten, nachdem sie einmal bei mir in Laikipia zu Gast gewesen waren, die verblüffende Ähnlichkeit zwischen den beiden Orten festgestellt und waren überzeugt, ich würde in The Baca etwas finden, das meine Wunden schneller heilen ließ.
»Morgen früh um sieben wird unten am Bach eine Feuerzeremonie stattfinden. Komm doch«, sagte Hanne am ersten Abend nach unserer Ankunft.
An meinen Gräbern in Laikipia, im hinteren Teil des Gartens, wurde jeden Abend ein Feuer angezündet. Feuer hatte auf mich eine suggestive, läuternde Wirkung, und die Vorstellung einer Feuerzeremonie machte mich neugierig. Wir gingen hin.

Wir folgten einem schattigen Pfad am Ufer eines kleinen Flusses, in dem das Wasser leise murmelnd dahinfloß, und kamen zu einer Lichtung, wo sich eine Gruppe Menschen um ein großes Feuer versammelt hatte, das in einer Grube aufgeschichtet worden war. Auf einer Seite lagen symbolische Gaben wie Obst, Blumen, Reis und Honig; ein großer Bergkristall reflektierte glänzend das Morgenlicht, und feiner Weihrauchduft trieb in der kalten, klaren Luft.
In der im Kreis sitzenden Gruppe befand sich eine kleine Frau in rotem Sari.
Augenblicklich hatte ich das seltsame Gefühl, ihr schon einmal begegnet zu sein. Als sie den Kopf wandte und mich direkt ansah und lächelte, war mir, als kennte ich sie schon seit ewigen Zeiten. »Ich bin Sheelah Devi Singh. Willkommen bei unserer Feuerzeremonie.«
In ihren braunen Augen glomm ein helles, warmes Licht. Sie nahm meine Hand. Ihre Finger waren brennend heiß und trocken. Ein umgekehrter Pfeil mit roter Spitze war auf ihre Stirn gemalt wie eine Flamme. Das Feuer warf orange Lichtreflexe auf ihre olivfarbene Haut und das kurzgeschnittene weiße Haar. Gleich von Anfang an hatte ich das Gefühl, daß Sheelahs Element das Feuer war.
Es war ein schlichtes Ritual mit Mantras und alten Liedern in Sanskrit, um Mutter Erde für ihre Gaben zu danken, ihr symbolische Geschenke darzubringen und sie zu bitten, uns Frieden und Heilung zu schenken. Ich fand es wohltuend und zeitlos und gewann daraus ein Gefühl anhaltender Harmonie, Ruhe für meine Seele. Es ist gut, etwas von dem zurückzugeben, was wir genommen haben, und seit damals habe ich selbst erfahren, daß das, was man gibt, immer zurückkommt, häufig in anderer Gestalt und auf ganz andere Weise.
Von da an traf ich Sheelah häufig, während dieses Aufent-

haltes und immer, wenn ich im Laufe der folgenden Jahre The Baca besuchte. Gelegentlich nahm ich an ihren frühmorgendlichen Feuerzeremonien teil. Sie gehörte zum Rajput-Stamm, dem edelsten von allen, dessen Krieger mit Speeren in die Schlacht reiten. Nach einem ungewöhnlichen Leben war sie ihrer religiösen Berufung gefolgt. Obwohl meine Vernunft und meine geistige Unabhängigkeit mir immer verboten haben, mich einem bestimmten Glauben zu verschreiben oder meine spirituelle Suche eindeutig zu kategorisieren, hatten ihre Philosophie und ihre Musik in jener Lebensphase eine wohltuende und positive Wirkung auf mich.

Eine Verbindung, die älter war als Freundschaft, schien zwischen uns zu wachsen. Ihr verdanke ich die unvergeßliche Erfahrung transzendentaler Meditation, durch tiefes Atmen aus meinem Körper hinausgehoben zu werden und in eine vergessene Vergangenheit zurückgehen zu können, wo sich mir Bilder meiner früheren Leben erschlossen und in mir das vollkommene Gefühl eines tiefen Friedens und absoluten Glücks hinterließen.

Indische Religionen hatten mich immer fasziniert. Sheelah erklärte sie mir mit einer Einfachheit, die mich beeindruckte. Wenn sie Harmonium spielte und dazu sang, riefen die Klänge der unbekannten Worte tief in meiner Seele seltsame Erinnerungen wach.

Kurz vor Svevas achtem Geburtstag reisten wir im Sommer für ein paar Wochen nach The Baca. Ohne daß wir es wußten, unternahm Sheelah die weite Reise von Bombay, wo sie jetzt lebte, um an Svevas Geburtstag dabeizusein. Die Acht ist in der östlichen Tradition eine Glückszahl.

Sveva wurde am achtzehnten Tag des achten Monats des Jahres neunzehnhundertachtundachtzig acht Jahre alt. Wir befanden uns achttausend Fuß hoch; es waren viele Men-

schen da, und als wir sie zählten, war es sicher kein Zufall, daß es achtundachtzig waren. Sveva bekam von mir acht Geschenke, und das letzte war ein Zauberstab.
Sheelah schenkte Sveva altes Silber, Weihrauch und Seide. Hanne hatte einen alten Hippie aus Boulder engagiert, der für Sveva als gutes Omen seine Zimbeln schlagen sollte. Ihre Vibrationen ließen die Morgenluft erzittern und jagten uns Schauer den Rücken herunter.
Zu der anläßlich ihres Geburtstags veranstalteten Feuerzeremonie am selben Morgen kleidete sich Sveva ganz in Rot, sie trug eine Blume hinter dem Ohr, und das blonde Haar fiel ihr lang über den Rücken. Sie sah einfach bezaubernd aus. Sveva nahm alles mit der ihr eigenen ernsten Anmut auf, und ich war überzeugt, daß es ihrer Persönlichkeitsentwicklung nur förderlich sein konnte, wenn ich ihr die Möglichkeit gab, schon in so jungen Jahren zu erfahren, auf welch vielfältige Weise Menschen nach dem Unendlichen suchen.
Am Tag vor unserer Rückreise nach Afrika kniete Sheelah plötzlich vor mir nieder und streifte sich die zwei Goldringe ab, die ihre mittleren Zehen schmückten. Wortlos steckte sie sie mir an. In ihren braunen Augen lag liebevolle Wärme und zugleich eine unergründliche, geheimnisvolle Distanz. Ihre Stimme erklang in einem Singsang, der beinahe hypnotisch wirkte.
»Trag diese Ringe, als wärst du ein Rajput, und du wirst sie niemals verlieren. Du mußt Mut haben. Du bist meine Schwester, und wir werden uns wiedersehen, vielleicht erst in einem späteren Leben. Du wirst die Welt bereisen, und du wirst viele Menschen kennenlernen. Du wirst ein Buch schreiben, und in den nächsten Jahren wird es viel für dich zu tun geben. Durch deine harte Arbeit wirst du deinen Traum erfüllen können. Es liegt alles in deiner Hand, und

du wirst es schaffen. Vergiß nicht, die Entscheidung liegt immer bei dir. Gib niemals auf. Du hast viel zu tun. Emanuele hat jetzt seinen Frieden gefunden, und Paolo ...«
Sie sah Sveva an, die sie und mich mit Paolos Augen anlächelte.
Seit jenem Tag trug ich stets die Ringe an den Zehen. Wenn man mich darauf ansprach, erwiderte ich, das sei eine lange Geschichte.
Ich schrieb mein Buch. Daher konnte ich einige Jahre nicht nach The Baca reisen. Die Gallmann Memorial Foundation wurde größer, und die damit verbundene Arbeit nahm meine ganze Zeit, meine ganze Aufmerksamkeit in Anspruch. Ich schrieb nachts, wie eine Eule, damit ich für meine tägliche Arbeit genügend Zeit hatte. Ich rief zum Gedenken an Emanuele das Schulungsprojekt ins Leben. Ich entwickelte zahlreiche Projekte in Laikipia; Aidan kehrte zurück und brachte Leidenschaft und Abenteuer in mein Leben; Sveva wuchs unbeschwert heran, und ich fühlte mich erfüllt.
Ich sah Sheelah nie wieder.
Einige Jahre später erfuhr ich, daß sie in The Baca nach einem Sturz vom Pferd gestorben war. Ich litt unter dem Verlust, doch ich wußte, daß es eines stolzen Rajput würdig war, trotzdem weiterzumachen.
Die Ringe wurden für mich noch wertvoller. Es kam vor, daß ich einen von ihnen im Gras verlor, wenn ich barfuß ging, oder im dicken Gewebe eines Teppichs oder zwischen meinen Bettdecken. Doch auf unerklärliche Weise tauchten sie immer wieder auf, so daß ich schließlich überzeugt war, sie nie im Leben für immer verlieren zu können. Mein Hauspersonal in Laikipia machte schon Witze darüber.
»*Pete yangu ulipotea tena.*« (Ich habe wieder mal meinen Ring verloren), sagte ich dann zu Julius, der daraufhin lächelnd

erwiderte: »*Sisi tapata, tu. Wewe awesi kupotea hio pete kamili.*«
(Wir finden ihn wieder. Sie können den Ring doch gar nicht für immer verlieren.)
Und tatsächlich, ein paar Stunden später tauchte er oder Simon oder Rachel oder einer der Gärtner mit meinem Zeh-Ring in der Hand auf.
Sheelahs Ringe wurden schließlich so etwas wie ein besonderer Talisman, und jedesmal, wenn ich auf meine Zehen schaute und die Ringe schimmern sah, empfand ich Stolz und Dankbarkeit und eine Art Trost.
Im letzten Sommer flogen Sveva, Aidan und ich an den Tanganjikasee.
Wir landeten auf einem winzigen Streifen, den man in den undurchdringlichen tropischen Busch geschlagen hatte. Direkt daneben lag ein Dorf, das ausschließlich mit natürlichen Materialien gebaut worden war, denn Kunststoff, Blech und Zement waren an den Ufern des Sees noch unbekannt. Es war ein faszinierender Ort, der einer weit zurückliegenden Zeit angehörte und den die sogenannte Zivilisation noch nicht hatte verändern können.
Auf einer Halbinsel außerhalb des Dorfes bot sich uns beim Vorbeifahren mit dem Boot des Camps ein unheimlicher Anblick, der in einem Bericht Burtons über seine ersten Entdeckungsreisen hätte beschrieben werden können: sieben tote Katzen, die an Sträuchern aufgehängt waren, um die Geister des Wassers milde zu stimmen.
Zu Aidans großem Entzücken wuchsen längs des Sees außergewöhnliche Bäume und seltene Schlingpflanzen, und wir verlebten herrliche Zeiten voller Freude und Liebe und ungetrübtem Glück.
Wir wohnten in einem Sultanscamp mit weißen Zelten an einem weißen Strand, zwei Stunden von der Landebahn entfernt, und wir waren die einzigen Gäste. Es war das

reinste Paradies. Jeden Tag gingen wir in den Wald und hielten nach den scheuen Schimpansen Ausschau, wir schwammen in dem kühlen Wasser und unternahmen bei Sonnenuntergang Erkundungsfahrten mit dem Boot und fischten in einsamen Flüssen nach kleinen Klippdorschen und Fächerfischen, die aussahen, als wären sie über unsere Anwesenheit überrascht.

Am letzten Tag machten wir eine lange Wanderung auf den Berg, einen Zaubergarten voller Schmetterlinge und seltsamer Kletterpflanzen und Lianen. Es war ungemein heiß, und nach dem langen Marsch war das erfrischende Seewasser, das so durchsichtig ist wie ein kristallklares Meer, eine wahre Wohltat. Wir zogen uns die Schuhe und Kleider aus, ließen sie in dem ausladenden Schatten eines großen Mangobaumes und rannten in den See, um zu schwimmen.

Erst als wir am Ufer entlang durch das Wasser zum Camp zurückwateten, bemerkte ich, daß einer meiner Ringe fehlte. Die Strömung war stark, und das Wasser stieg merkwürdigerweise ähnlich an wie das Meer bei Flut. Das Ufer bestand aus grobem Sand mit kleinen Muscheln und Kieseln, und es fiel zum Wasser hin steil ab. Meine Füße versanken darin, und es war aussichtslos, einen kleinen, nicht schwimmenden Gegenstand wiederzufinden, wenn er erst einmal vom Sog des Wassers mitgerissen worden war. Es sah ganz so aus, als ob ich meinen Ring diesmal für immer verloren hätte. Ich war tieftraurig und fühlte mich ärmer.

Wir gingen den Strand viele Male hinauf und hinunter und suchten vergeblich zwischen den Kieseln nach einem goldenen Schimmer. Doch wir wußten, daß es zwecklos war. Flinke Wellen schwappten ununterbrochen über das Ufer. Die sprichwörtliche »Nadel im Heuhaufen« wäre sehr viel leichter zu finden gewesen als mein Zeh-Ring im See.

An meinem Zeh zeichnete sich dort, wo der Ring gesessen

hatte, eine weiße Vertiefung ab. Sie würde mit der Zeit verschwinden, denn ich wollte den Ring nicht ersetzen. Fast den ganzen Tag lang war ich niedergeschlagen, doch als die Schatten länger wurden, fand ich mich schließlich mit dem unabänderlichen Verlust ab und kam zu der Erkenntnis, daß ich ihn zu akzeptieren hatte und loslassen mußte. Ich beschloß, den Ring in Erinnerung an Sheelah zu einer besonderen, freiwilligen Gabe an den Tanganjikasee zu erklären.

In ihrer Feuerzeremonie sprach Sheelah mit der Erde und gab ihr symbolhaft das zurück, was die Menschen ihr undankbar nahmen: Pflanzen, Wasser, Wohlgerüche, Mineralien. Ein goldener Ring war die passendste Opfergabe.

Bei Sonnenuntergang ging ich mit Sveva ans Ufer. Wir fanden es beide unheimlich, daß die Farben am Himmel das gleiche tiefe Rot hatten wie die Sonnenuntergänge in Colorado. Wir sagten feierlich ein fast vergessenes Mantra auf, das Sheelah uns damals beigebracht hatte, das Mantra des Gebens, das mit »Swaha« endet, dem Wort, das nach jedem Opfer ausgesprochen wird.

Ich dachte flüchtig an die venezianischen Dogen, die jedes Jahr zum Zeichen der symbolischen Vermählung mit dem Meer einen kostbaren Ring in die Lagune warfen.

Nun bot ich dem großen See leichten Herzens den Ring dar, den er sich bereits genommen hatte, und ich dankte ihm für seine Schönheit und das Glück, das wir hier erlebt hatten.

»Tanganjikasee, ich bringe dir meinen Ring dar. Ich bin froh, daß, wenn er mir schon genommen werden sollte, du ihn bekommen hast. *Swaha.*«

Danach fühlte ich mich irgendwie erleichtert, denn ich wußte, es war das einzig richtige. Hand in Hand gingen Sveva und ich zu Aidan und unseren Zelten zurück.

Am nächsten Morgen waren wir bereits mit dem Packen fertig, und das Boot wartete schon, um uns zu der dem Wald abgerungenen Landebahn zurückzubringen. Ich war in meinem Zelt, um mich vor der Abfahrt ein letztes Mal darin umzusehen.
Ein Mann kam aus dem Speisezelt gerannt und blieb ein paar Schritte vor mir stehen.
»*Memsaab*«, sagte er. »*Nafikiri hio ni yako.*« (Ich glaube, das hier gehört Ihnen.)
»*Ulikwa kwa muchanga.*« (Es lag im Sand.)
Er hielt etwas in der ausgestreckten Hand: Es glitzerte, und in der Morgensonne schien es zu blinzeln. Der See schimmerte freundlich und großherzig mit all seinen Geheimnissen.
Aidan und Sveva sahen schweigend zu, wie ich mit klopfendem Herzen meinen Ring wieder entgegennahm.

Paolo und Emanuele auf einem alten abgestorbenen Baum am Rande des Great Rift Valley

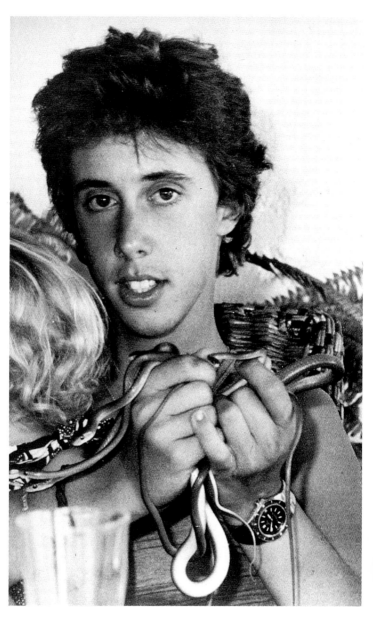

Emanuele mit grünen Nattern

Sveva auf Leppy

Nacht in den Ol Ari Nyiro Springs:
Sveva und Leah

Laikipia: mit der Patrouille gegen Wilddiebe
(Alain Bougrain-Dubourg)

Simon Itot

Kuki und ihre Hunde begrüßen ein in Kuti landendes Flugzeug (Caroline Clark)

Sveva mit einem Stoßzahn
für das Elfenbeinfeuer 1989

Kuki und Sveva (Robin Hollister)

Das Refugium auf dem Mukutan:es wurde nur mit einheimischen Materialien gebaut (Alain Bougrain-Dubourg)

Kuki schreibt in ihrem Nest oberhalb von the Springs (Alain Bougrain-Dubourg)

Der Regenstab 19

Für Isabella

Ein Grollen lag im Wind die ganze Nacht,
der schwere Regen fiel wie eine Flut.
WILLIAM WORDSWORTH

Das Flugzeug kam in einer roten Staubwolke zum Stehen und wendete mit dröhnenden Motoren in unsere Richtung. Die junge, in beiges Leinen gekleidete Frau sprang heraus. Sie war schön, noch blaß von der Reise und den Strapazen eines amerikanischen Winters.
»Ich habe gehört, daß bei Ihnen Dürre herrscht«, war das erste, was sie sagte, und sie hielt mir einen länglichen Gegenstand hin, der in braunes Papier eingeschlagen war. Sie blickte sich um. Auf beiden Seiten der Landebahn standen als stumme Bestätigung ihrer Worte dürre Büsche und staubige gelbe Grasstoppeln, die mühsam die harte *murram*-Kruste durchbrochen hatten. Seit zwei Jahren hatten wir eine schlimme, qualvolle Dürre. Von dem grünen üppigen Busch waren nur noch Dornen und Staub übriggeblieben.
»Das ist mein Geschenk: Es ist ein Regenstab. Ich habe ihn in einem Indianerladen in New York gekauft. Sie sagen, er sei unfehlbar.«
Sie lächelte. In ihren wunderschönen Augen blitzte der Schalk.
»Ich hoffe, er funktioniert. Sieht so aus, als könnten Sie ihn gut gebrauchen.«

Es war der Morgen des 24. Dezember, und auf meiner großen Veranda unter dem *makuti*-Dach ließ der Weihnachtsbaum seine Lamettapracht in einer gnadenlosen Äquatorsonne glitzern.

Es war heiß und trocken; die Luft stand; für Regen gab es keinerlei Anzeichen. Die Rasensprenger drehten sich müde im Kreis und besprühten die Blumenbeete mit einem flüchtigen Wasserstrahl, der sofort von der durstigen Erde aufgesaugt wurde. Vögel flogen heran, um ein Duschbad zu nehmen, schüttelten sich, plusterten sich mit vergnügtem Zwitschern auf, und die Turakos ließen aus den Baumwipfeln ihren heiseren Mittagsruf erklingen, nörgelig wie immer.

Ich wollte den Regenstab noch nicht auspacken, denn schließlich war er ein Weihnachtsgeschenk. Aber als ich ihn in die Hand nahm, gab er ein ungewöhnliches Geräusch von sich, das an fließendes Wasser erinnerte; der murmelnde Klang fallender Tropfen durchlief ihn der Länge nach mit eindringlicher Intensität. Es klang, als ob ein kräftiger, satter Regenschauer auf ein Strohdach fiel – ein vergessenes Geräusch. Wenn überhaupt irgend etwas Regen anlocken konnte, dann dieses Ding.

Wann hatten wir das letzte Mal Regen gehabt? Es schien Ewigkeiten her zu sein. Die schlimmste Dürre seit Menschengedenken tötete Kenias Pflanzen und Tiere und Menschen. Eine Hungersnot von nie dagewesener Härte wütete an der Nordgrenze, wo in der flimmernden Hitze verdorrte Kamelkadaver neben ausgetrockneten Wasserlöchern im Sand lagen und Menschen Tag für Tag wie die Ameisen starben, an Unterernährung und Durst, an namenlosen Krankheiten und verlorenen Hoffnungen.

Es war eine schreckliche Zeit. Innerhalb von zwei Jahren, in denen es praktisch nicht geregnet hatte, waren unsere Was-

serlöcher ausgetrocknet. In den großen Stauseen, die ihren niedrigsten Stand erreicht hatten und die dort, wo früher das Wasser gewesen war, von staubigen Streifen aus kränklichem grünen Schilf gesäumt wurden, waren Inseln entstanden. Auf der Wasseroberfläche wuchsen Algen und erstickten das Leben darunter. Schwärme toter Fische trieben mit aufgeblähtem Bauch auf dem Wasser und vergifteten die Tiefe. Unser Vieh war stark geschwächt, und wir mußten viele Tiere verkaufen. Die Übriggebliebenen versuchten verzweifelt, mit einer kargen Ernährung von Zweigen, Staub und Salz zu überleben. Jeden Tag wurden tote Büffel gefunden. Abgemagerte Gazellen mit traurigen Augen und stumpfem Fell standen in verlorenen Grüppchen herum und gingen langsam zugrunde. Selbst die mächtigen Elefanten sahen dünn aus, unter der runzeligen Haut konnte man die Rippen sehen, und jede Nacht brach eine Herde nach der anderen in meinen Garten ein, die einzige grüne Oase in dem gesamten riesigen Gebiet.
Die Ranch starb, und wir konnten nichts dagegen tun. Es war Ende Dezember, und vor Ende April war nicht mit Regen zu rechnen. Aber bis dahin würden wir es keinesfalls mehr aushalten.
Wir warteten auf ein Wunder: Ein Regenstab war also genau das, was ich brauchte.
Als meine Neugier schließlich doch die Oberhand gewann, erwies sich der Regenstab als ein einfaches dickes Bambusstück, das mit einem rotschwarzen Seidenband verziert war. Er war geschickt und mit viel Überlegung gefertigt worden. Wenn ich ihn in die Hand nahm und auf den Kopf stellte, fielen unsichtbare Samenkörner durch seinen hohlen Innenraum und streiften die verborgenen Dornen, die in regelmäßigen Abständen darin steckten. Das dadurch erzeugte Geräusch erinnerte an geheime Kastagnetten. Es

klang täuschend echt, wie Regen, der auf ein Dach fällt. Ich trug den Stab stolz in die Küche und erläuterte dem Personal seinen unfehlbaren Zauber. »*Ni miti ya mvua. Natoka ngambo, mbali kutoka mganga ya asamani. Ni kali sana.*« (Das ist ein Stab, der Regen machen kann. Er kommt von weit her übers Meer und ist von alten Medizinmännern gemacht worden. Er ist sehr mächtig.) Mit dem bedingungslosen Vertrauen der Afrikaner in Talismane glaubten sie mir sofort.

Simon, der Koch, erkannte die magische Kraft des Stabes vertrauensvoll an und erklärte mit ernster Miene: »*Tasaidia sisi. Asante sana.*« (Er wird uns helfen. Danke.)

Alle nickten wissend und berührten den magischen Regenmacher voller Ehrfurcht.

Ich hob ihn hoch in die Luft, schüttelte ihn mit naivem Eifer und bat die Götter um Regen. Rachel und Julius klatschten in die Hände, aber sie lachten nicht. Man spielt nicht mit Geheimnissen.

So unwahrscheinlich es auch klingt, in dieser Nacht fielen die ersten zögernden Tropfen ohne viel Überzeugungskraft auf das Blechdach des Schlafzimmertraktes.

Der Januar ist einer der trockensten Monate in Kenia. In den nächsten Monaten war kaum mit Regen zu rechnen. Das Geräusch weckte mich. Ich zündete eine Kerze an und sah aus dem Fenster. Ein kühler Wind wehte und brachte ein paar Spritzer spärlicher warmer Tropfen mit sich. Ich nahm den Regenstab von meinem Nachttisch und schüttelte ihn noch ein wenig. Täuschte ich mich? Oder wurde das Geräusch des Regens kräftiger?

Zufall? Einbildung? Es schien so, denn am folgenden Tag brannte die Sonne so heiß wie immer. Aber ein paar schwache Spuren von Regentropfen im Staub der Auffahrt waren meinen Hausangestellten Beweis genug. Sie kamen und

baten mich, noch einmal mit dem Regenstab die Götter anzuflehen. Und so geschah es.
Es begann kaum merklich. Eine Veränderung im Wind. Dunkelgraue Wolken, die von Osten her, ohne anzuhalten, wie Herden fremder Schafe am stillen Himmel vorüberzogen. Das Geräusch fernen Donners am frühen Morgen und abends ein silberner Rand, der sich vor die Sonne legte. Eine Stille in der Luft, ein kühler Hauch, der sich plötzlich mit treibenden Schatten in die heißen Nachmittage schlich.
Dann kam die Nachricht, daß es oben im Norden in der Chalbi-Wüste regnete. Auf einer Ranch namens Borana gab es mehrere Zentimeter Niederschlag an einem Tag. Die Menschen wunderten sich.
Wir hatten vor, ein paar Tage auf den Mathews-Bergen in Samburu in einem Camp namens Kitich zu verbringen. Die Mathews waren trockene Berge mit Wäldern und uralten Farnpalmen und wunderschönen Flüssen. Ich flog mit Aidan und Sveva, während Jeremy Block zusammen mit seinem Vater und anderen Freunden im eigenen Flugzeug folgte.
Die Berge tauchten in Wolken gehüllt vor uns auf, und je näher wir kamen, desto deutlicher konnten wir den Regen riechen. Selbst aus der Luft entdeckten wir auf den Wegen nasse Flecke. Die Landebahn war so naß, daß wir niemals hätten aufsetzen können, wenn sie nicht aus Sand gewesen wäre. Jeremy flog sofort wieder los, um noch ein paar Freunde von der Colchecchio-Ranch abzuholen, die sich zu uns gesellen wollten.
»Bei dem Regen schaffst du es nicht wieder zurück!« scherzten wir. Daß es im Januar auf Colchecchio regnet, war undenkbar. Wir lachten alle, aber irgendwie hatten wir so eine Ahnung, und als ich aufblickte, schienen sich die

Wolken schneller zusammenzuziehen und die Bergspitzen in Nebel zu hüllen.

Wir fuhren in zwei vollbesetzten Landrovern, schlitterten durch Schlamm, rutschten häufig seitlich weg und überquerten zweimal unter großen Schwierigkeiten einen Fluß, der von Minute zu Minute stärker anschwoll. Unser Führer schüttelte den Kopf. »Wenn es heute nacht regnet, wird der Weg unpassierbar, und wir können nicht mehr durch den Fluß zurückfahren.« Er sah verwirrt aus. »So was hat es, solange ich hier lebe, noch nicht gegeben.«

Unterwegs sahen wir eine magere schwarze Ziege, die von zwei alten, knorrigen, rotgekleideten Samburu gehütet wurde. Der rote und weiße Glasperlenschmuck schimmerte an ihren Ohrläppchen wie winzige Geweihe. Sie wollten mitgenommen werden. Es war völlig ausgeschlossen, noch zwei Menschen und eine Ziege zu uns in den Wagen zu zwängen. Die Samburu gingen ihres Wegs und winkten zum Abschied. *»Ni mbusi kwa chui«*, erklärte der Fahrer. (Das ist die Ziege für den Leoparden.)

Wir betrachteten sie interessiert. Sie war völlig abgemagert und hatte einen aufgeblähten Bauch.

»Aua tachinja yeye, na sisi taweka nussu ju ya miti.« (Sie werden sie schlachten, und eine Hälfte in einen Baum hängen.)

Er lächelte breit: *»Sisi takula nussa.«* (Die andere Hälfte essen wir.)

»Chui iko na jaa mingi. Yeye taingia kukula leo ausiku bile ya shaka.« (Der Leopard ist sehr hungrig. Er kommt bestimmt heute nacht und frißt sie.)

Und wir würden beobachten können, wie der Leopard zum Fressen kam.

Wir sahen der unschuldigen Ziege nach, die ahnungslos ihrem Schicksal entgegentrottete. Seltsamerweise lag in dem Vorhaben eigentlich keine Grausamkeit, denn der

Leopard würde sich ohnehin jede Nacht eine Ziege holen, und das Camp würde eine Ziege für die Verpflegung des Personals kaufen, und die Tatsache, daß diese hier als Opfer gedacht war, schien den finanziellen Interessen der Samburu nicht zuwiderzulaufen. Sie brauchten alle Geld nach der langen schlimmen Dürre.
Durch den Schlamm kamen wir so langsam vorwärts, daß wir die beiden alten Samburu bei unserer Ankunft im Camp dort bereits, auf ihre Stäbe gestützt, vorfanden. Die unglückliche Ziege war Gott sei Dank schon getötet worden.
Unsere Zelte, nahe dem Flußufer, waren neu und bequem. Der Fluß war voll, und zu unserem Erstaunen sahen wir, daß die reißende Strömung gewaltige Baumstämme mitführte, was bewies, daß es oben auf den bewaldeten Berghöhen ungewöhnlich heftige Regenfälle gegeben haben mußte.
Kurz nach unserer Ankunft fing es an zu nieseln, und nachmittags regnete es so stark, daß wir unsere Zelte nicht verlassen konnten. Manche Zelte mußten verlegt werden, denn das unaufhörlich steigende Wasser umspülte schon ihre Veranden. Unsere Betten waren das einzig trockene Plätzchen, und so hielten wir uns die meiste Zeit darin auf. Nach Jahren fand ich jetzt endlich einmal wieder die Zeit, die phantastische Geschichte *Das Bildnis des Dorian Gray* zu lesen.
Nur Aidan, wie immer unbeeindruckt vom Wüten der Elemente, zog im Regen mit seinem Rucksack los und kam völlig durchnäßt nach Einbruch der Dunkelheit zurück. Seinen *kikapu* hatte er mit seltsamen Sukkulenten gefüllt.
Zum Abendessen kamen wir – unter Gekicher über unser absurdes Abenteuer – aus unseren Zelten gekrochen. Während des ersten Ganges im tropfnassen Speisezelt wurden wir auf den beleuchteten Baum auf der anderen Seite des Flusses aufmerksam, wo die halbe Ziege an einem großen

Ast baumelte. Eine große Ginsterkatze riß gerade mit hungriger Entschlossenheit große Fleischfetzen heraus, und wir beobachteten das Schauspiel. Plötzlich sprang aus dem dunklen Laub ein großer Schatten auf den Baum, der Ast schwankte, und ein Leopard kauerte in seiner ganzen Rätselhaftigkeit im Licht und packte den Kadaver mit den Krallen. Der Ginsterkatze wurde ihre Gier zum Verhängnis: Der Leopard, der keine Konkurrenz duldete, wirbelte zur Seite und schlug mit einem beiläufigen Stoß seine Zähne in ihren Hals. Er hielt sie mit seinen kraftvollen Kiefern fest und schüttelte sie zweimal. Wir sahen, wie ein Beben das graue geschmeidige Geschöpf durchlief, und der schlaffe Körper wurde achtlos vom Ast geworfen, zurück in die Dunkelheit. Wir sahen atemlos zu. Als ob nichts geschehen wäre, machte sich der Leopard wieder über die Ziege her und fraß ungeachtet des strömenden Regens so lange, bis nur noch ein paar Knochen übrig waren. Das war das einprägsamste Erlebnis der nassesten zwei Tage meines Lebens.

Jeremy schaffte es tatsächlich nicht mehr, zu uns zurückzufliegen, denn – wie wir am ersten Abend über das Funkgerät des Camps erfuhren – Colchecchio stand unter Wasser, es gab dichten Nebel und anhaltende sintflutartige Regenfälle.

Schließlich mußten wir bei strömendem Regen zu Fuß den Rückweg antreten und den Fluß überqueren, wobei uns das Wasser bis zum Halse stand und unser Gepäck auf den Köpfen der Träger bedenklich schwankte. Wir gingen den langen Weg zurück zum Flugzeug, das feuchtglänzend auf der sandigen Landebahn auf dem Hügel stand.

Wir flogen durch dampfende Nebel über neu entstandene Sümpfe und schlammige, wirbelnde Flüsse, die im Umkreis von Meilen die *luggas* füllten und die Sandbänke über-

schwemmten. Innerhalb eines Tages und zweier Nächte waren über zwölf Zentimeter Niederschlag gefallen. Zwei Dämme meines alten Freundes Carletto in Colchecchio stürzten ein, und Wasserströme überfluteten die Ebene, wo Zebras und Giraffen verwirrt ihr Heil in der Flucht suchten.
Der Regen war auch nach Laikipia gekommen.
Nacht für Nacht lag ich in meinem Bett und lauschte dem Wasser, das über das Dach strömte. Unser großer Stausee füllte sich innerhalb weniger Tage. Wie durch Zauberei begann das Gras auf der kahlen Savanne wieder zu sprießen; die Tiere kamen ganz allmählich wieder zu Kräften, und die Elefanten vergaßen meinen Garten eine Weile.
Wir erfuhren, daß im ganzen Land heftige Regenfälle niedergegangen waren, die überall zu noch nie dagewesenen Überschwemmungen geführt hatten. Brücken waren eingestürzt, Züge entgleist, Flüsse und Seen über die Ufer getreten, und Scharen von Experten hatten vergeblich versucht, auf diesen seit Menschengedenken einzigartigen Wettereinbruch eine Antwort zu finden.
Die Tageszeitungen verstiegen sich tagtäglich zu immer phantastischeren Erklärungen. Selbst der BBC World Service, die Bibel aller guten Kenianer, berichtete darüber.
Man erklärte den Januar 1993 zum niederschlagreichsten Januar in der Geschichte Kenias. Schließlich wurde das Phänomen damit erklärt, daß ein Richtung Madagaskar ziehendes Tief aus keinem erkennbaren Grund seine Route geändert und seine Wassermassen auf die ausgedörrte Erde Kenias ergossen hatte. Wo man auch hinkam, herrschte großes Erstaunen.
Aber wir in Ol Ari Nyiro wußten es besser.
Auf meinem Nachttisch lag der rätselhafte Regenstab, und viele Leute von der Ranch kamen vorbei, um ihm zu danken. Wo immer ich mich auf der Ranch sehen ließ, spielten

sie mit wissenden Blicken auf seinen machtvollen Zauber an. Selbst die Pokot erkundigten sich bei mir, was es mit dem Stab auf sich habe, und sie schlugen vor, daß ich mit ihm jedes Jahr dorthin gehen sollte, wo man am dringendsten Regen benötigt.

Jetzt haben wir März, und die Stauseen trocknen allmählich wieder aus. Man munkelt bereits, daß ich den Regenstab wieder anwenden sollte. Aber ich warte lieber noch, denn man soll die Götter nicht zu oft versuchen.

Ich werde bis Ende April abwarten, wenn die Regenzeit ohnehin anfängt. Und wenn dann der Himmel sich mit Wolken aus dem Osten verdunkelt, werde ich voller Ehrerbietung erneut den Regenstab der amerikanischen Indianer benutzen und den Regen wieder in unser Land locken.

Der Regenstab gehört in das Reich der Mythen und Legenden. Und wie wir aus all den Märchen wissen, die wir als Kinder gelesen haben, darf man magische Kräfte nicht mißbrauchen, sonst verliert man sie.

Geburtstag in Turkana 20

> Mein Geburtstag begann mit den
> Wasser-Vögeln und Vögeln beflügelter Bäume,
> die meinen Namen flogen.
> DYLAN THOMAS

Kurz vor Svevas zehntem Geburtstag fragte ich sie: »Nun sag mal: Wo würdest du denn gern deinen zehnten Geburtstag feiern? Das ist ja ein sehr wichtiger, der erste mit zwei Ziffern.«
Sie sah mich mit ihren türkisblauen Augen an, die an Perlen aus Muranoglas erinnerten und die sie von Paolo hatte.
»Such dir was ganz Besonderes aus«, fuhr ich fort. »Ein Symbol für das, was du in den nächsten zehn Jahren gern tun würdest. Und sag mir, warum.«
Ich hatte keine Ahnung, was sie sich wünschen würde, doch da ich wußte, daß wildes, unberechenbares Blut in ihren Adern fließt, ahnte ich, daß es etwas Außergewöhnliches sein würde. Also keine Party mit Kuchen und Musik, Ponyreiten und Kostümen, Konfetti, Geschenken für alle ihre kleinen Gäste und vielleicht einer Schatzsuche.
Früher einmal – sie war etwa acht Jahre alt –, kurz nach dem Tod unseres Turkana-Freundes und Fährtensuchers, Mirimuk, hatte sie sich gewünscht, mit mir in den Ferien eine Nacht im Busch in Laikipia zu verbringen, ohne Zelt. Wir fuhren allein zum Luoniek-Damm, machten ein Lagerfeuer aus *lelechwa*-Wurzeln, aßen und erzählten uns Geschichten. Dann schliefen wir auf einer großen Matratze auf dem Boden, unter einem Moskitonetz, das wir an kleinen Bäu-

men befestigt hatten und das uns die Illusion von Schutz gab.
Mitten in der Nacht weckte mich ein Geräusch. Grau und mächtig und so nah, daß er uns leicht hätte berühren können, stand da ein großer Elefantenbulle. Er war stehengeblieben, um zu urinieren, und war auf das Netz aufmerksam geworden, das sich im Wind hin und her bewegte. Völlig reglos, den Kopf zur Seite geneigt, schien er zu lauschen. Seine Stoßzähne ragten weiß im Mondlicht hervor.
Mir stockte der Atem, und ich sah Sveva an. Sie schlief tief und fest neben mir, eingerollt in ihre Decke, das blonde Haar bedeckte das Kopfkissen, und sie wirkte unschuldig und verletzlich, furchtbar klein im Schatten des großen Elefanten.
Ich schob meinen Kopf dicht an ihr Ohr, drückte sacht ihren Arm und flüsterte: »Wach auf. Hier ist ein Elefant. Rühr dich nicht. Lauf sofort zum Auto, wenn ich's dir sage.«
Mein Toyota parkte mit offener Hintertür ganz in der Nähe. Anders als es Kinder normalerweise tun, wenn man sie aus dem Tiefschlaf reißt, öffnete sie sofort die Augen und starrte mich an. Ihr Blick war nur einen Moment lang verschleiert. Dann drehte sie, ohne den Kopf auch nur im geringsten zu bewegen, die Augen nach oben und betrachtete den Elefanten. Der Anblick machte ihr keine Angst.
»Uns passiert nichts«, murmelte sie lächelnd, schloß die Augen und war im Nu wieder eingeschlafen. Bald darauf trottete der Elefant in aller Ruhe von dannen. Ich werde diesen Vorfall nie vergessen. Jetzt dachte sie über meine Frage nach. Es dauerte nicht lange. Sie strahlte über das ganze Gesicht.
»Ich möchte auf eine Insel im Turkanasee fahren. Du hast

doch gesagt, daß es dort wild und schön ist und daß Papa Paolo und Emanuele gern da waren. Es ist bestimmt toll, irgendwo zu sein, wo ich noch nie war. Weil da niemand außer uns sein wird und weil ich in den nächsten zehn Jahren ganz besondere, wilde Gegenden sehen möchte, wo nur wenige Menschen hinkommen.«
»Abgemacht«, sagte ich glücklich. Es war eine Ewigkeit her, daß ich selbst zum Turkanasee gefahren war.
Turkana mit seinen unbändigen, sengenden Winden – wie der Atem unsichtbarer Riesen –, mit seinen Basaltsteinen und weiten Wasserflächen, Krokodilen und großen Fischen, seiner Einsamkeit und Stille und den überwältigenden Landschaften: Ich wäre liebend gern wieder dorthin gefahren. Aber eine Insel? Wie sollte das gehen? Es gab keine Inseln, die groß genug waren, um mit dem Flugzeug darauf landen zu können. Eine richtige Landebahn gab es nur in der Oase Loyangalani und im Norden an der Grenze zu Äthiopien, in Koobi Fora, wo Richard Leakey seine archäologischen Ausgrabungen machte. Außerdem hatten wir kein Boot. Die einzige Insel, die so flach war, daß man auf ihr landen konnte, war die geheimnisvolle, entlegene Südinsel.
Ich hatte einiges über die Insel gehört. Über ihre außergewöhnliche Schönheit, die aufregende, herrliche Landschaft, wie schwierig es war, dort hinzukommen, wie gefährlich, dort zu landen, bei dem extrem starken Wind. Seit Jahren schon wußte ich von ihrem Zauber.
Von allen Orten, die ich schon immer besuchen wollte, stand die Südinsel im Turkanasee sicher an erster Stelle, doch weder hatte ich bisher die richtige Begleitperson gefunden, noch hatte sich eine passende Gelegenheit ergeben. Die Insel war nur per Flugzeug erreichbar, aber unter all meinen Freunden, die ein Flugzeug besaßen, gab es

niemanden, den ich um einen so großen Gefallen gebeten hätte. Es war gefährlich, dort zu landen.

Die Insel besaß keine Landebahn, lediglich eine fast ebene Fläche, eine geschwungene Piste – mit einer Wölbung und einem Graben in der Mitte –, so als hätte sie ein Dinosaurier, zwischen Felsen und seltenen Dornenbäumen hockend, mit einer raschen Schwanzbewegung in den schwarzen Sand gezeichnet. Überdies war der Wind so stark und die wasserlosen Dünen so kahl, daß dort kein Mensch lebte. Nur wilde Turkana-Fischer, nackt oder lediglich mit einem dürftigen Lendenschurz bekleidet, gelangten bei ihren Fischfängen in den stürmischen Wellen, wo es von Krokodilen nur so wimmelte, in ihren mit Harpunen und selbstgemachten Sisalnetzen bepackten Holzkanus dorthin.

Die Südinsel blieb also unerreichbar, ein Traum. Und wie alle Orte, von denen man träumt, wurde die unerreichbare Insel durch meine Sehnsucht noch kostbarer. Ich wollte die abenteuerliche Entdeckung dieses oder irgendeines anderen Fleckchens Erde, das noch einen ursprünglichen, mythischen Charakter besaß, nur mit jemandem teilen, der mir ganz nahestand.

Es gab nur einen Menschen, der mich bei der Verwirklichung dieses verrückten Traumes unterstützen konnte, und das war Aidan. Wie kein anderer unternahm er einsame Wanderungen, erkundete unberührte Berge und entlegene Wüsten. Er zog gern durch unbekannte Gegenden, nur in Begleitung seiner Kamele und Kamelführer. Er kannte den afrikanischen Busch, und er kannte den Himmel. Er flog sein kleines Flugzeug mit unwahrscheinlicher Leichtigkeit, und er konnte überall landen, auf einer Straße, am Strand, auf dem Sand, im Schein des Mondes oder einer Sturmlampe.

Unsere Beziehung hatte die Belastungsprobe der Zeit und

den Schmerz der Trennung erfahren, doch als es den Göttern gefiel, kehrte er im Flug in mein Leben zurück. Jetzt durfte ich seine Augen bei Tageslicht sehen und an seiner Seite in der Sonne gehen. Wir konnten gemeinsam den Geruch von dürrem Gras, Staub und wachsender Natur aufnehmen. Nun konnten wir endlich zusammen fremde Landstriche bereisen.

Einmal wanderten wir eine Woche lang mit seinen Kamelen durch die Wüste. Dann wieder flog er mit mir stundenlang über ausgedörrte Berge zu einer kleinen Stadt an der äthiopischen Grenze, einem altehrwürdigen muslimischen Ort von traditioneller Gastlichkeit.

Einmal landeten wir auf einer verlassenen Piste am Ende der Welt. Wir gingen an einem ausgetrockneten Flußbett entlang, entdeckten einen Brunnen aus biblischer Zeit, stießen auf Kamel- und Ziegenherden und wildlebende Hirten mit Turbanen und weiten *shukas*. Eines Nachts war ich von dem Geräusch eines kleinen Flugzeugs geweckt worden, das auf meiner Landebahn in Kuti aufsetzte. Ich war nach draußen gelaufen, gefolgt von meinen Hunden, und da sah ich ihn meine Auffahrt heraufkommen.

»Ich dachte, der Mond ist gerade hell genug, um dich zu einem Mondscheinspaziergang einzuladen«, hatte er lächelnd zu mir gesagt. Sveva, die aus Spaß und Abenteuerlust mit einer Freundin die Nacht über im Garten gezeltet hatte, erzählte mir am nächsten Tag, sie hätten gedacht, eine Rakete von einem anderen Stern wäre bei uns gelandet.

Aidan war der ideale Begleiter für eine Fahrt auf die Südinsel im Turkanasee, und Svevas zehnter Geburtstag war der ideale Anlaß. Meine Tochter und mein Gefährte: Eine bessere Kombination gab es nicht.

Das Flugzeug schlitterte über den schwarzen Sand auf einen kahlen, in orangefarbenes Licht getauchten Berg zu, und

mit einem letzten Aufheulen hielt die Maschine an. Dann herrschte nur noch die Stille der Insel, eingehüllt in das feurige Abendlicht.
Ich öffnete die Tür und sprang hinaus. Nach vielen Jahren streichelte mich nun wieder der warme Turkana-Wind, der den sanften Sodageruch, den Schrei einer Krähe und Wogen der Erinnerung mit sich trug. Die glühende Sonne näherte sich langsam dem Horizont, und wir freuten uns, wie die Bergketten von Rosa zu Blau, der See von Silber zu Grauweiß changierten. Sveva sprang heraus, und der Wind erfaßte ihr honiggelbes Haar in einem sonnigen Wirbel.
»Danke, Mama!«
Ich drehte mich um, warf die Haare aus der Stirn, und soweit das Auge reichte, konnte ich nur Wasser und gelbe Hügel, Inseln und Lavasand, schwarzen Kies und menschenleere Berge sehen. Wir waren die einzigen Menschen auf der Erde, die ersten und die letzten.
Ich drückte Sveva fest an mich; sie reichte mir bereits bis zum Kinn: Bald würde sie sehr groß sein. »Herzlichen Glückwunsch, *amore*.«
Das war sie also, die Südinsel im Turkanasee.
Vielleicht werde ich hundert Jahre alt, vielleicht sterbe ich schon morgen. Aber bis zur letzten Sekunde werde ich die Erinnerung an die zauberhaften Tage und Nächte in Turkana mit Aidan und Sveva in meinem Herzen bewahren. Die ganze Welt befürchtete damals einen Krieg, die Spannungen im Nahen Osten wuchsen; der Irak drohte, Kuwait wurde besetzt, und die Welt rüstete sich, aus irrwitzigem Stolz und Habgier, zu einem blutigen Gemetzel.
In Turkana war davon nichts zu spüren.
Wir entdeckten eine verwachsene, große Akazie am Hang des Berges. Sie wuchs allein und weise und war ein wenig vor dem Wind geschützt. Nacheinander trugen wir die Sa-

chen dorthin, die wir mitgebracht hatten: Matratzen und Matten, Kanister mit Trinkwasser, eine Kühltasche mit Essen und einen Korb mit dem Geburtstagskuchen, ein Schokoladenherz, das Svevas Kindermädchen, Wanjiru, liebevoll eingepackt und zu dem Simon zehn blaue Kerzen und eine Handvoll rosa Bougainvilleen, für die *maridadi* (Schönheit), beigesteuert hatte.

Wir lagerten unsere Habseligkeiten unter dem Dornenbaum, wobei wir ständig von ein paar Raben beobachtet wurden, in deren Territorium wir eingedrungen waren. Das schien sie jedoch nicht sonderlich zu stören. Statt dessen fixierten sie gierig und mit unverhohlener Erwartungsfreude unseren Proviant. Es war klar, daß sie uns die ganze Zeit Gesellschaft leisten würden. Um sie von Anfang an versöhnlich zu stimmen und auch um ihnen zu zeigen, daß wir nichts gegen sie hatten, warf ich ihnen etwas Brot hin. Hartnäckige lästige Raben oder Krähen – so wußte ich aus Erfahrung – können zu einer richtigen Plage werden. Sie lungern in der Gegend herum und warten nur darauf, in einem unbeobachteten Augenblick zu landen und ein paar Bissen vom Essen zu stibitzen.

Wir gingen über den grauen Lavasand, der die Wärme noch lange nach Sonnenuntergang speicherte, hinunter zum Ufer, um in dem warmen Sodawasser zu schwimmen. Unbeholfen wateten wir über glitschige Steine hinein, ständig auf der Hut vor Krokodilen. Von einem Felsen aus beobachteten wir einen großen Nilbarsch, der in seinem Unterwasserreich hin und her schoß. Wir ruhten im heißen Sand aus und fanden Kristalle, die darin verborgen waren wie verlorene Juwelen. Nachts machten wir aus Zweigen ein Lagerfeuer, das bei jedem Windstoß Funken sprühte, und saßen einfach da, den Rücken an einen abgefallenen Akazienast gelehnt, der so groß war, daß er für uns drei eine schützende

Nische bildete, die wir uns mit Kissen und Strohmatten gemütlich gemacht hatten. Wir tranken Champagner und aßen kalte Pasta, und während über dem Feuer eine mit Rosmarin gewürzte und in Folie gewickelte Lammkeule am Spieß brutzelte, erzählten wir uns Geschichten aus der Vergangenheit.

Und schließlich schafften wir es mit einiger Mühe, zehn große blaue Kerzen anzuzünden. Das Wachs zischte und zerschmolz rasch in der großen Hitze. Sveva blies sie schneller aus als der Wind, und dann küßten wir uns, derweil unsere Freunde, die Raben, mit schräggelegten Köpfen die Feier vom höchsten Ast aus überwachten und heiser Beifall spendeten. Uns war bewußt, daß kein anderes kleines Mädchen seinen Geburtstag auf eine so ungewöhnliche, phantastische Art und Weise feierte, nur in der Gesellschaft des Windes und Sees, während die Götter lächelten.

Wir verbrachten zwei Nächte dort unter der alten Akazie und schliefen unter einer Decke. Aidan bestieg die ausgedörrten Berge, um nach seltenen Pflanzen zu suchen, wir fanden gebleichte Fischknochen, die wir Simon mitbrachten, dessen Vorfahren einst in Turkana gelebt hatten.

Vor nicht allzu langer Zeit erzählte mir jemand, sie seien auf der Südinsel gewesen und hätten an dem Ast einer einsamen Akazie blaues Wachs entdeckt. Sie fanden keine Erklärung dafür.

Die Zauberbucht 21

*Und Hand in Hand, auf dem silbernen Sand
tanzten sie im Mondenschein.*
EDWARD LEAR

Die Meeresbrise bewegte die Palmenblätter und das Haar, das ihm in die hohe, klare Stirn fiel. Gerade und schlank, in der eleganten, steifen weißen Uniform eines Offiziers der Royal Navy, stand Charlie am Nachmittag seiner Hochzeit am Strand von Taka Ungu.
Ich war erschöpft angekommen, nach einem langen Flug mit Sveva aus Nairobi, einer kurzen Mittagsrast in Watamu und nach endloser Warterei in einer verschwitzten Schlange an der Anlegestelle von Kilifi, wo wir von Cashewnuß-Verkäufern belagert wurden.

Der Geruch nach Seetang, die schwüle Hitze über der kleinen Bucht, die bunte Menschenmenge, die auf die Fähre wartete, Fischer, Kinder und die in leuchtende *kangas* gehüllten Giriama-Frauen mit ihren nackten Brüsten und breiten Hüften, die Körbe auf dem Kopf balancierten, waren typisch für Kilifi. Die würzigen Düfte von Mangos, getrocknetem Fisch, Kokosnußöl, reifen Bananen, Schweiß, Rauch, Jasmin und Sandelholz verschmolzen zu einem berauschenden Aroma. Ich holte tief Atem: Trotz der Hitze genoß ich es immer wieder, hier zu sein.
Der Nachmittag war schnell vergangen, fast unmerklich. Die Zeit wurde knapp, ständig überholten uns Autos, in denen festlich gekleidete Gäste saßen, die offensichtlich zu dersel-

ben Hochzeit wollten, so daß wir uns schließlich, kurz entschlossen, unter viel Gekicher im Busch umzogen, im Schatten eines kleinen Palmenhains. Den Mietwagen parkten wir am Straßenrand. So konnte Sveva in ihr schönes cremefarbenes Satinkleid mit den Rosen schlüpfen. Dieser Dezembertag war unglaublich heiß und drückend. Die Gäste hatten bereits unten am Strand ihre Plätze eingenommen, in der geschützten Ecke mit Korallenfelsen und feinem weißen Sand, die Charlie und Emanuele vor langer Zeit den »Geheimen Garten« getauft hatten. Ich überflog die Gästeschar.

Man saß auf gleichmäßig angeordneten Bänken aus Holzplanken, die auf weißen Steinen ruhten. Mirella, purpurrot gekleidet und mit einer Girlande aus Jasminblüten im Haar wie eine alternde Nymphe, stand barfuß an der Seite, fotografierte und blickte hinaus auf das unruhige Meer. Der Altar bestand lediglich aus zwei großen Kerzen, einer Handvoll Muscheln und weißen Blüten, die man auf einen großen, von der See gebleichten Treibholzstamm gestreut hatte.

Und davor stand das Hochzeitspaar.

Vor Rührung hatte ich einen Kloß im Hals, als ich dort meinen Charlie neben seiner hübschen Braut stehen sah, umgeben von all den Erinnerungen, gutaussehend und schlank wie ein junger Mountbatten, romantisch in seiner weißen Uniform mit goldenen Epauletten, mit dem altvertrauten Lächeln des kleinen Jungen, das sein immer noch bezauberndes Gesicht unter dem lockigen Haar aufleuchten ließ.

Emanueles bester Freund. Vor meinem geistigen Auge sah ich den Schatten meines Sohnes hinter ihm, als sein Trauzeuge: ein gutaussehender, großer, erwachsener Emanuele. Am Abend fand die Hochzeitsparty statt, und der Affenbrot-

baum, den wir früher Zauberbaum genannt hatten, schimmerte silbern im Mondlicht.
Wir befanden uns in dem Haus auf der Klippe, das neben dem stand, das wir früher praktisch als unser Eigentum betrachtet hatten. Es hatte einmal einer seltsamen Dame gehört, die allein mit vielen Katzen dort lebte und Pflanzen und alles, was wuchs, liebte. Aber sie wurde von einer stillen Traurigkeit zerfressen, die sie mit Pillen zu betäuben versuchte. Eines Nachts ertrug sie es nicht länger und schluckte alle auf einmal.
Danach stand das Haus eine Zeitlang leer und gehörte den Seeschwalben und dem salzigen Wind. Die Giriama-Hausdiener und die Fischer, die bei Ebbe kamen, um ihre Hummer und Korallenfische zu verkaufen, erzählten sich insgeheim seltsame Geschichten darüber.
Schließlich wurde das Haus wieder eröffnet. Neue Bewohner brachten eine frische Atmosphäre hinein, die Schatten verflogen. Heute herrschte Leben im Haus. Bunte Lichterketten wurden in die Palmen gehängt, um die dunkle Nacht zu vertreiben. Musik mischte sich mit dem Monsun, die Luft duftete mild nach Jasmin und Vanille und der Meeresbrise, die die Stimmen ausgelassener Menschen verwehte.
Es waren Leute da, die ich seit Jahren nicht gesehen hatte, die vielen Bekannten aus Kilifi, die immer zu unseren Gesellschaften kamen, die Männer, die mit Paolo über das Fischen gefachsimpelt hatten, und sogar Mohammed, der mittlerweile im Ruhestand lebende, alte Barkeeper aus dem Mnarani Club, der zwei Generationen lang hinter der Theke regiert hatte, alle unsere Kinder mit Namen kannte und sich, obwohl er Muslim war, an den Lieblingsdrink jedes einzelnen Gastes erinnerte.
Das waren die Zeiten, als der Lady Delamere Cup ausgetragen wurde. Alle Boote versammelten sich bei Sonnenauf-

gang, um auf das hohe Meer hinauszufahren, in der sehnlichen Hoffnung, einen Speerfisch oder Seglerfisch, Hai oder Thunfisch oder wenigstens einen großen Barrakuda zu fangen. Wenn sie am späten Nachmittag zurückkamen, flatterten an ihren Booten rote, blaue und gelbe Flaggen im Wind. Vom Strand aus versuchten wir durch unsere Fernrohre zu erkennen, wer welche Farbe und wer den größten Fang gemacht hatte.

Dann fand unter Strömen von »Pimms« das Auswiegen statt, die Zahlen wurden an die alte Schultafel geschrieben, und die fürstliche, kühle Diana Delamere überreichte den Gewinnern die Preise, alle applaudierten und hatten wochenlang kein anderes Gesprächsthema.

Diese Zeiten waren endgültig vorbei, das war mir klar. Diana war gestorben und mit ihr eine ganze Ära. Der Mnarani Club war an die Tourismusindustrie verkauft worden, und der alte Zauber vergangener Zeiten war in der gesichtslosen und wöchentlich wechselnden Menge untergegangen. Paolo war gestorben. Wenige Jahre später war Emanuele ihm gefolgt, getötet von einer Schlange, die nicht wußte, was sie tat. Damals besuchte Charlie, Emanueles Freund aus Kindertagen, noch eine Militärschule in England; bald danach war er, wie schon sein Vater, Soldat in der Royal Navy geworden. Er hatte den Kontakt nie abreißen lassen, und wenn er in Nairobi war, tauchte seine hohe schlaksige Gestalt stets vor meiner Haustür auf. Ich hatte ihn gern.

Charlie war heute in makellos weißes Leinen gekleidet und trug einen flaschengrünen, mit einem goldenen Drachen bestickten Kummerbund um die schlanke Taille. Er bot mir den Platz zu seiner Rechten, wie der Mutter, die er verloren hatte, und ich liebte ihn wie den Sohn, den ich verloren hatte. Braune sanfte Augen, in denen Tränen der Erinnerung an glückliche Zeiten glitzerten.

»Weißt du noch, wie du uns erzählt hast, der verzauberte Affenbrotbaum würde sich bei Vollmond bewegen, und wir haben es geglaubt?«

»Weißt du noch, wie wir Iains Geburtstag am Ende des Ramadan unten im Mnarani Club gefeiert haben und Oria alle Frauen aus dem Dorf gebeten hat, festliche Mahlzeiten zu kochen und ihre *buibuis* mitzubringen?«

»Weißt du noch, wie wir die riesige Puffotter gefunden haben, die unterhalb vom Haus der Fieldens quer über der Straße lag, und Emanuele sich geweigert hat, drüberzufahren, weil sie dann tot gewesen wäre, und wie wir warten mußten, bis er sie dazu gebracht hatte, sich allmählich davonzumachen?«

»Weißt du noch, wie du in der Bucht der Kilifi-Plantage an Paolos und meinem Geburtstag eine Überraschungsparty gegeben hast? Wie die ganze Bucht mit Hunderten von Kerzen erleuchtet war und wie du die Linie, die die Flut an ihrem höchsten Punkt erreicht, mit einer Girlande aus Lampions markiert hast? Und wie du ganz Kilifi eingeladen hast und alle gekommen sind?«

Die Zauberbucht. Wie könnte ich das je vergessen. Ich starrte auf das Champagnerglas in meiner Hand, und mit den goldenen Bläschen darin, wie in einer gelben Kristallkugel, stiegen die Erinnerungen an glückliche Zeiten erneut in mir auf.

Wenn der Ozean grün war und seine Wellen weiße Kronen trugen und der Passatwind in Kilifi wehte, ging Emanuele mit seinem Freund Charlie segeln. Ich saß am Ufer unter dem riesigen Affenbrotbaum in unserem Garten und wartete darauf, daß ihr zerbrechliches Boot vorbeikam. Der graue Stamm des großen Baumes schimmerte silbrig und schien die Hitze der Sonne aufzunehmen wie ein menschlicher

Körper. Dorthin zog ich mich an den langen Nachmittagen an der Küste am liebsten zurück.

Wenn sie mich sahen, hoben sie die Arme, und das geblähte Segel und die endlose Weite des Ozeans ließen ihre jungen Gestalten noch schlanker erscheinen. Ihr Boot jagte rasch davon, tanzte in weiß schäumender Gischt über die Wellen und verschwand hinter den Korallenklippen. Zurück blieben nur ein leeres Riff und mein verwunderter Blick.

»Pep, ich habe ein wunderschönes Fleckchen entdeckt«, erzählte mir Emanuele eines Nachmittags nach seiner Rückkehr, während er sich noch die feuchten blonden Haare trocknete, die ihm in die Stirn fielen. Ein begeistertes Funkeln ließ seine dunklen Augen aufleuchten.

»Eine kleine Bucht bei der Kilifi-Plantage. Charlie und ich finden, du solltest unbedingt mal mitkommen und sie dir ansehen. Da könnte man prima Partys feiern.«

Am folgenden Nachmittag fuhren wir gemeinsam hin. Es war nicht leicht, die Bucht vom zerklüfteten Strand aus zu finden, denn die Gegend war mit übermannshohen stacheligen Sisalagaven und verschlungenen grasartigen Kletterpflanzen bewachsen. Schließlich entdeckten wir sie am Ende eines unauffälligen Pfades.

Die Jungen halfen mir, über die rauhen alten, von Seetrauben überwucherten Korallenfelsen hinabzuklettern, und dann waren wir unten.

Die Bucht bildete einen harmonisch proportionierten Halbkreis und wurde von zerklüfteten Höhlen in unterschiedlichen Höhen gesäumt. Es würde bestimmt schön aussehen, wenn man darin brennende Kerzen aufstellte.

Die Flut kehrte zurück, peitschte den makellos weißen Sandstrand und zierte ihn mit einem geschwungenen spitzenartigen Saum aus Seetang und Kokosnußschalen. Die Möwen flogen niedrig; sie glitten mit ruhigen Flügeln dahin, und ihre spitzen Schreie erfüllten den Abendhimmel.

Es lag eine besondere zeitlose Reinheit über der Bucht, die mich verzauberte, und ich fand, daß sie sich ideal für eine ganz besondere Feier eignete.

Es war Anfang Dezember 1979. Charlie hatte gerade Geburtstag gehabt, Emanuele würde seinen im Januar feiern, und Paolos Geburtstag würde in ungefähr zehn Tagen sein, kurz vor Weihnachten. Noch an Ort und Stelle beschlossen wir, in der Zauberbucht eine Überraschungsparty für ihn zu veranstalten.

Die nächsten Tage standen ganz im Zeichen der Vorfreude und der heimlichen Vorbereitungen. Ich fuhr zu den Bazaren auf dem Markt von Mombasa und kaufte Matten aus Palmenwedeln, die man im Sand ausbreiten konnte, bunte Baumwollkangas und Kapok, aus denen große Kissen genäht wurden. Die Bucht war nur über die Kilifi-Plantage zu erreichen, und aus der dortigen Werkstatt liehen wir uns Fässer und Drahtgeflecht für die Barbecues, lange niedrige Tische aus Treibholz sowie Planken aus zurechtgesägtem Bauholz, die als Leiter den Abstieg in die Bucht erleichtern sollten.

Und so schlichen wir uns tagelang entweder früh morgens, wenn Paolo draußen zum Fischen war, oder am Spätnachmittag fort, um das Fest vorzubereiten, zu dem wir unter dem Siegel der Verschwiegenheit ganz Kilifi eingeladen hatten. Wir reinigten den Strand von dem Abfall, den die Wellen seit Generationen dort angespült hatten, fegten den trockenen Seetang und Sand von den Felsen und fingen schließlich an, die zahllosen Utensilien hinunterzuschaffen, die wir benötigten.

Dann kam der große Tag, und ich erzählte Paolo, daß wir zu einer besonderen Party am Strand eingeladen seien.

Erstaunt und neugierig willigte er ein, ohne daß es ihm in den Sinn kam, daß er selbst der Ehrengast war, denn er hatte um Mitternacht Geburtstag.

Seit dem frühen Morgen waren wir unermüdlich im Einsatz gewesen. Jetzt war die Bucht wie verwandelt, von Kerzen erleuchtet, die wie in einem Märchenland von den steinernen Regalen flackerten. Lampions markierten den höchsten Punkt der Flut, und auf dem feuchten Sand waren in einem großen Kreis um ein hell loderndes Feuer herum Matten verteilt, auf denen leuchtendblaue und türkisfarbene Kissen lagen. Sturmlaternen und Jasminblüten hingen von den angeschwemmten Baumstümpfen herab. Musik erklang mit dem Rauschen des Windes.

In der größten Höhle glühte ein riesiger Barbecue, auf dem mein Koch Gathimu Fleisch grillte. Große Platten mit Pizza, Austern und Kebabs, Knoblauchbrot und Käse, Mangos, Papayas und Ananas standen auf langen mit Bananenblättern geschmückten Tischen. In einem Holzbehälter lagen Wein- und Champagnerflaschen auf Eis. Wir hatten eine Schüssel mit einem würzigen Rumpunsch vorbereitet, in dem Blüten schwammen. Er wurde in mit rotem Hibiskus garnierten Kokosnußschalen serviert.

Über allem schwebten balsamische Meeresbrisen, das nächtliche Aroma des Jasmin und die Sterne. Als Gastgeber waren wir die ersten, die ankamen. Paolo schrie überrascht auf, umarmte mich und hob mich in die Luft, als er begriff, was gespielt wurde. Die ersten Gäste trafen ein. In allen Gesichtern lasen wir das gleiche Staunen.

Es war ein fröhlicher, ein unvergeßlicher Abend. Ich wußte es noch nicht mit völliger Sicherheit, aber ich ahnte bereits aufgrund erster Anzeichen, daß tief in mir neues Leben wuchs, entstanden aus der Vereinigung von Paolo und mir, um uns für immer daran zu erinnern.

In den Grotten, zwischen neugierigen und ängstlichen orangefarbenen Krabben, erhellten Kerzen die Dunkelheit. Meerjungfrauen verbargen sich zwischen den grüngrauen Wellen, Möwen riefen, und Paolos Augen ließen mich unbeantwortete Fragen ahnen.

Damals wußte ich nicht – wie hätte ich auch, ich mußte noch soviel lernen –, daß die hellsichtige Traurigkeit in seinem Blick die Vorahnung einer Zukunft war, die er nicht mehr erleben würde, und daß dieses Fest Paolos letztes sein sollte. Es endete, als der Lastwagen nicht anhielt und Paolos Wagen nicht schnell genug bremste und sein Leben verlosch und aus seinem Körper entwich, um aufzusteigen und sich zu den Möwen zu gesellen, die er geliebt hatte, und zu dem Himmel und den Wolken und den Bergen von Laikipia.

Es endete, als die nächtliche Flut gekommen war und mit sanften Wellen die roten Bougainvilleen davongespült hatte und die Kerzen in den Lampions eine nach der anderen vom Ozean gelöscht wurden, und wir wußten, daß es Zeit war, zu gehen.

Am nächsten Morgen fuhren wir wieder in die Bucht. Es war nur noch etwas geschmolzenes Wachs übriggeblieben, ein paar welkende Jasminblüten, die noch immer neben dem Seetang auf den Felsen lagen, und ein leeres Weinglas, das wundersamerweise heil geblieben war. Sanft rollte es am Strand hin und her.

Meine Augen kehrten zurück zu den eisgekühlten Champagnergläsern auf dem weißen Tischtuch. Charlie blickte mich erwartungsvoll an. Von der anderen Seite des Tisches sah mich Sveva aus blauen Augen an, wunderhübsch in der hellen Seide mit den rosafarbenen Rosen, das lebende weibliche Abbild ihres Vaters.

Ich schüttelte den Kopf und kehrte in die Gegenwart zurück. Ich lächelte zu ihm auf. »Das Fest in der Zauberbucht. Natürlich erinnere ich mich daran. Wie könnte ich das je vergessen?«

Später am Abend wurde getanzt, und Charlie forderte Sveva auf, so wie er seine Schwester aufgefordert hätte. Sie wirbelten in einem schwungvollen Walzer herum, die Kind-Frau mit dem schimmernden blonden Haar, dem Seidenkleid und den strahlenden Augen und der hochgewachsene junge Mann, der mein Sohn hätte sein können.

Unten am Strand ging die Flut wieder zurück und hinterließ auf dem Sand Muster aus Muscheln und Fischgräten, Treibholz und verschlungenem Seetang, Bruchstücke ozeanischer Erzählungen, die es zu deuten gilt.

Wie die Gezeiten kommen und gehen wir und hinterlassen Fußspuren auf dem harten Strand des Lebens. Diejenigen, die zurückbleiben, betrachten die Spuren in stummer Ehrfurcht und versuchen in zärtlichem Bemühen die Erinnerung an jene zerbrechlichen geliebten Gestalten heraufzubeschwören, die im Nebel der Zeiten entschwunden sind.

Glossar

asante	danke
askari	Wachtposten, Nachtwächter
akili	schlau
arufu	Geruch
ayah	Kindermädchen
bhang, bhangi	Marihuana
bila shaka	ganz bestimmt, auf jeden Fall
boma	mit Sträuchern umfriedetes Gehege
buibui	traditionelles Gewand muslimischer Frauen
bunduki	Gewehr
bwana	Herr (Anrede), Ehemann
carissa	wilder Jasmin mit eßbaren Beeren
chinja	Gemetzel
chui	Leopard
chùmvi	Salz
desturi	Sitte, Brauch
duka	Laden, Geschäft
faru	Nashorn
fundi	Handwerker
hapa	hier
hapana	nicht; nein
ingine	anderer, andere, anderes
jambo	hallo
jangili	Wilddiebe
kaburi	Grab
kamili	genau
kanga	loses Frauengewand
kikapu	Korb
kikoi	loses Männergewand
kitanda	Bett
kopje	kleiner Berg
kubwa	groß

kufa	gestorben, tot
kuja	kommen Sie
kulia	nach rechts
kumbuka	erinnern Sie sich
kuona	sehen
kwaheri	auf Wiedersehen
kwenda	geh weg
lelechwa	wilder Salbei
lugga	ausgetrocknetes Flußbett
madafu	frische Kokosnuß
maji	Wasser
makuti	Dach aus Palmenblättern
manyatta	eingefriedete Wohnsiedlung einer Stammessippe
maramoja	sofort
marati	Trog
mashua	Boot
mboga	Kohl
mbogani	Lichtung
mbusi	Ziege
mchanga	Sand
memsaab	gnädige Frau
mimba	schwanger
miti	Baum
mlima	Hügel
mnyama	Tier
muganga	Medizinmann, Zauberer
mugongo	zurück
muivi	Dieb
musungu	Europäer
mutamayo	wilder Olivenbaum
mutoto	Kind
mvua	Regen
mwaka	Jahr
napenda	mögen, lieben
ndege	Vogel
ndiyo	ja
ndovu	Elefant
ngamia	Kamel
ngombe	Vieh

ngurue	Schwein
ni shauri ya mungu	es ist Gottes Wille
njau	Kalb
nungu	Stachelschwein
nungu	
nussu	Hälfte
nyama	Fleisch
nyoka	Schlange
nyumba	Haus, Raum
papa	Hai
pembe	Horn
pete	Ring
poriti	Mangrovenpfähle
pole	es tut mir leid
pole-pole	langsam
rafiki	Freund
roho	Herz
rudi	zurückgekehrt
saidia	Hilfe
samaki	Fisch
shamba	kleine Farm
shauri	Problem
shimu	Loch
shuka	Umhang
simba	Löwe
taabu	Problem
tafadhali	bitte
tangu	seitdem
tena	wieder
upupa	Wiedehopf
wanawake	Frauen
wasungu	Europäer
zaidi	mehr

Beide liebten Geschichten
Und wenn ich meine erzähle, höre ich ihre Stimmen.
Sie flüstern jenseits des erstorbenen Sturms
Sie verbinden den Überlebenden mit der Erinnerung
an sie.
ELIE WIESEL